幸福之路

伯特蘭・羅素

編注：本書完成於一九三〇年。如今回頭閱讀，我們將發現羅素於書中闡述的許多洞見有如預言一般，與我們的現代生活息息相關。然而，由於在當時社會的文化觀念中，仍存在著壁壘分明的性別印象，故身處其中的羅素在書裡所舉的案例，有時會不可避免地囿於此些框架之中。不過，綜觀羅素的思想與寫作，我們便能清楚看出他對於人類平等、自由的高度讚賞與追求。特別加上此注，盼今日的讀者能不因書中一些不合時宜的舉例，而感覺受到冒犯；它應當被視為歷史的痕跡，標誌出人類文明的持續前進。

目錄

第一部　鬱悶人生的成因

第二部　幸福人生的緣由

我想我可以轉過身去和動物生活，牠們是如此沉靜自持，
我站在那兒，久久凝視牠們。
牠們不會對自己的處境焦躁怨懟，
牠們不會爲自己的罪過在暗夜無眠悲泣，
牠們不會令我作噁地討論對上帝的義務，
沒有一隻動物會心懷不滿，沒有一隻會因爲執迷物慾而瘋狂，
沒有一隻動物會跪向彼此，也不會跪向活在千萬年前的同類，
在整個地球上，沒有一隻動物會愛面子或不快樂。

——華特．惠特曼（Walt Whitman）

本書並非針對學富五車的人所寫；而那種只把生活中的實際難題當作茶餘飯後談資的人，也不是本書鎖定的讀者。在底下的篇章中，你將不會讀到博大精深的哲學思想或引經據典的考究論述。我的目標只是將一些短評雜感集結成冊，而啓發這些文字的來源，都是我所相信的人情常識。所有這些我宣稱可以提供給讀者採用的秘訣，皆經過我自身的經驗與觀察所確認；只要依照這些原則行事，快樂就會與日俱增。在這個基礎上，我大膽地希望，不喜歡鬱悶不快而深受其苦的男男女女，其中有些人能在本書中找到關於他們生活處境的診斷，與我所建議的擺脫辦法。我相信，許多心灰意懶、悶悶不樂的人們，只要能付出經過充分指導的努力，皆能重新踏上幸福之路。這正是我寫作此書的初衷。

第一部
鬱悶人生的成因

第一章 人們爲何不快樂？

動物只要無病無痛、溫飽有餘，就會心滿意足。人類照理來說應該相仿，但身處現代世界的人們卻並非如此——至少，大多數人都無緣於知足常樂。如果你本身就是個不快樂的人，想必你也正準備承認你並不是個特例。而如果你喜樂無憂，那麼，請捫心自問，你有多少朋友跟你一樣笑口常開？當你在心中回顧完了親朋好友以後，記得從中熟悉察言觀色的技巧；那麼當你往後在日常生活中遇見各色各樣的人，便能更加敏銳地察覺他們的感受。布萊克（William Blake）曾寫道：

> 我所遇見的每一張臉龐，皆沾染著，
> 怯弱的痕跡、哀傷的痕跡。

鬱鬱寡歡的神色姿態儘管各有不同，但你將發現，到處皆可瞥見這樣的身影。讓我們假設你處身在最典型的現代大城市——紐約：你在上班時間站在一條繁忙的街道上，或是在週末時分途經市區的某條大道，又或者你正出席一場夜間舞會。在如此想像的同時，請清空你的心靈，把自我擱置一旁，然後將來自四周陌生人的性情影像，一個接一個盡收眼底。你將發覺，這些身處不同場所的人們都有各自的煩惱。就上班時間川流的人群來說，你會察覺到他們的焦慮不安、精神過度專注與腸胃消化不良；你也會看出，他們僅僅關心力爭上游，完全不懂嬉戲的樂趣，更對旁人視若無睹。另一方面，如果你流連在週末的市區大道上，則可以見到有閒階級的男男女女，其中不乏非常富有之人，全都投入在尋歡作樂的行列中。然而，這場追逐享樂之戲，卻一致地採取了統一的步調在進行——亦即，以車陣中最緩慢的那部車的車速，一起朝前駛去。對所有駕駛來說，不僅無法看清前方路況，更遑論欣賞街景風光，因爲一旦轉頭他顧，便有引發車禍之虞。每部車子的每一名駕駛都一心一意地想超越前車，可是道路壅塞不堪，因此沒有人能完成這項不可能的任務。假使駕駛不把超車放在心上，如同乘客偶爾就會如此一般，那麼，他們會馬上變得無聊透頂，一臉不快，但卻無濟於事。有時，會看見一輛載滿非白人乘客的車子，洋溢著眞正的歡快氣氛，但這樣「異乎尋常」的行徑卻會引發公憤，最後他們將由於事端擴大而遭到警察逮捕，因爲——享受假日的歡愉是違法行爲。

接著，讓我們來觀察一場夜間派對上愉快的人們。所有的賓客都抱定主意要開懷盡興，他們的決心是如此堅定，如同看牙醫時決意不呼天搶地一般。世人普遍認爲飲酒與愛撫是通往狂喜的捷徑，因此，人們很快便醺醺然起來，一邊努力忽略自己身旁伴侶的反感。黃湯一杯杯下肚，男人開始淚流滿面，哀嘆自己對於母親無私付出的虧欠。酒精釋放了他們在神智清醒時被理性給壓抑下來的罪疚感。

以上種種沮喪煩悶的成因型態各異，一部分來自社會體系，一部分則肇生於個人心理——當然，在很大程度上，個人心理也是社會體系的產物。我在此前已經寫過若干文章，論及爲了提升幸福，在社會體系上所須作出的改變。不過，討論有關放棄戰爭、停止經濟剝削、廢除標榜殘忍與恐懼的教育方式等論題，並非本書的寫作意圖。找出社會體系如何避免戰爭發生的途徑，是人類文明的核心要務，但是，當人們鎮日愁眉不展，以至於，彼此交戰殺戮還比日日得過且過要顯得較不恐怖的話，那麼，想要建立一個反戰的社會體系，將比登天還難。只要機器生產多少還能使一貧如洗的人從中獲利，那麼持續施行脫貧措施就是當務之急；然而，假使富人的生活也悲愁莫名，那麼推動人人致富的做法又有何用？所有人都知道以殘忍與恐懼作爲教育手段並非上策，但是本身即受教於此道的人士想當然爾無法提供其他妙方。以上種種思索，引領我們聚焦關注個人所遭遇的難題：置身於崇尚古風的社會中，每個男人或女人在當下此刻，該致力何事才能獲致自身的幸福？爲了討論這個問題，我將把焦點限定在，那些並未遭受到外在極端悲慘事件蹂躪的人身上。我將假定他們的收入足以維持食衣住行所需，健康狀況也能夠因應日常的體能活動。我將不談論那種巨大的災難事件，比如一次失去了所有子女，或是慘遭當眾羞辱等等。這類事情當然值得一談，重要性也不在話下，但與我希望細談的主題分屬不同的層次。我的目的是，針對文明國家中大多數人日復一日蒙受的尋常苦悶，開出一劑療方；如此的苦悶煩憂，由於沒有明顯的外在成因，而更讓人感到逃無可逃，益發難以忍受。我認爲這樣的鬱悶情緒，絕大部分起因於錯誤的世界觀、道德觀與生活習慣，連帶摧毀了我們天生追求幸福的熱情與興致，而那份熱情，卻正是無論人類或動物最終踏上幸福之路時所必須仰賴的基礎。這些基礎皆存在於個人的能力範圍之內，我將提出若干改進的建議，只要遵照施行，再加上不致太差的個人運氣，就可能嚐到幸福的滋味。

◎

對於我想提倡的哲學，最佳的介紹方式，或許是先談談我的個人故事。我並不是個天生快樂的人。孩提時，我最偏愛的聖詩是「厭倦人世，罪孽沉重」。在五歲那年，我經常思索，如果我會活到七十歲，那麼，到當時為止我才度過了人生的十四分之一而已；想到還有如此漫長無邊、沒有盡頭的無聊生活等在前方，令我難以忍受。青少年時，我痛恨人生，不時徘徊在輕生邊緣，只有鑽研數學的熱切渴望能使我打消此念。相反地，如今我享受人生；幾乎可以這麼說，隨著年歲增長，我越來越能夠體味人生之樂。箇中原因，一方面是由於我已經找到了我最渴望的事物，並逐漸將其中的絕大部分給納入手中。另一方面，則是因為我成功地將某些願望中的目標——譬如，針對這樣或那樣的主題，鑽研出明確無疑的知識——視為根本無法達成之事。然而，最主要仍是由於我降低了對自我的過度關注。如同其他接受過清教徒教育的人一樣，我也習慣於反省自己的罪惡、愚蠢與短處。對我來說，我就是個可悲的傢伙——這無疑正確無誤。於是，我逐漸學會去對自我與自己的缺陷漠不關心，愈來愈把注意力集中在外界的對象上：世界局勢、知識的各種學門，與我愛慕的人。確實，對外界的種種興趣，也分別有著帶來痛苦的可能：世界可能戰火四起，某個領域的知識可能難以掌握，友人也可能英年早逝。但是這類的痛苦，並不會像源於自我嫌惡所帶來的災難那樣，摧毀生命的本質。而每一種對外界的興趣，皆會啓發某種活動，只要這種興趣能一直保持活絡，它所帶來的活動就會成爲防範無聊人生的完備措施。相反地，對自我的興趣並不會推導出這類具有進展性質的活動。它也許會讓人每天寫日記、去給精神分析師治療，或讓人成爲僧侶。但是，僧侶也只有當僧院的日常作息使他忘記了自身靈魂的時候，才會喜樂無憂。僧侶認爲宗教是讓他擁有幸福的原因，但其實這樣的幸福，他若從事清道夫的工作也能獲得，只要他被迫持續做下去即可。外在的紀律性活動，正是這些不幸之人通往幸福的唯一道路，因爲他們專注自我的程度太深，以致於無法以其他任何方式矯正過來。

◎ 自我專注有幾種不同的形式。我們可以列出「罪人」、「自戀者」與「自大狂」這三種最常見的型態。

◎ 我所指稱的「罪人」，並非指那種犯了小罪小過的人：每個人都會犯上點小過小惡，也或者不會，端視我們對罪惡的定義而定。我在此是指，那種全神貫注於「罪惡意識」的人。這種人總是反對自己、對自己有意見，如果他信教，就會將這些詮釋成上帝對他的責備。他心中所塑造的自我形象，是他認爲他應該成爲的模樣，而這始終與他對自我的實際認知相抵觸。假使他在意識思想層面，早已拋棄了兒時在母親膝下所習得的戒律格言，他的罪疚感仍可能因此深藏在潛意識中，只有在他喝醉或睡著以後才浮現出來。儘管如此，這卻已經足以讓一切事物索然無味了。在內心深處，他依然接受著所有幼時學習而來的禁令。講髒話是背德的，喝酒是背德的，行事精明算計是背德的，尤其，性是背德的。當然，他並沒有放棄任何這些樂事，不過，對他而言，這種種樂趣全都浸染了毒藥，讓他感覺自己的品格已然遭到玷污。他全心全意渴望的快樂，是來自母親正面肯定的撫慰，他依舊保有童年時獲得如此慰藉的記憶。由於這種快樂不再對他敞開大門，他感到一切再也無關緊要；因爲他必定犯了罪過，他於是決定要深深投入罪惡的懷抱。當他墜入情網，他尋覓母性的溫柔，但卻無法接受它，因爲，由於心中的母親形象作祟，他無法尊敬與自己有性關係的任何女人。然後，在滿心失望之下，他變得殘忍，接著又後悔自己的殘忍，之後則又重新開始，輪迴於這個包含想像的罪惡與眞實的悔恨的沮喪循環。這正是許多表面上冷酷的放蕩者的心理歷程。促使這些人墮落的原因，是他們心中藏有對一個無法獲得的對象（母親或母親的替代者）的摯愛，再加上早年被灌輸的可笑倫理準則以致。從這些早先的信念與情感的壓制中解放出來，是這些母性「美德」的受害者邁向幸福之路的第一步。

自戀，在某個意義上，與慣性的罪疚感恰恰相反；自戀者的習性是讚賞自己，並希望被人讚賞。當然，直到某個限度，自戀實屬正常，我們不必為之哀嘆；只有在它表現過度時，自戀才成為重大危害。許多女性，尤其是富裕階層的女性，她們感受愛情的能力已經完全枯竭，取而代之的是一種希望所有男性都能愛上她們的強烈渴望。當一名這樣的女人確認了有個男人愛上她後，這個男人對她就不再有用處。同樣的現象也發生在男性身上，雖然較不常見。典型的例子，可見於《危險關係》（*Les Liaisons dangereuses*）這本知名小說中的主人翁；該部小說描述了法國大革命前夕的法國貴族間的愛情故事。當虛榮心被提升至如此的高度，就不會再對任何其他個體產生真正的興致，於是也將無法從愛情中獲得真正的滿足。至於其他的興趣，則將更為戲劇性地跌至谷底。例如，有感於偉大畫家所獲得的普世敬意，一名自戀者可能決定就讀藝術科系，但是，由於繪畫對他來說只是一項達到目的的手段，以致他根本不會對繪畫技巧感興趣，而且，除非與自我產生關連，他也看不出任何可以致力的作畫主題。結果這只帶來了失敗與失望，不僅沒有獲得預期的奉承吹捧，反而迎來譏笑嘲弄。同樣的情況也見於，那種始終把理想化的自己當成小說主角的小說家身上。作品之所以能博得各界喝采，取決於作者對作品本身關注的題材有某種眞誠的興致。一個接一個成功政客的悲劇，皆來自於他們對社群本身與所主張的法案的興趣，逐漸被自戀所取代。一個只對自己感興趣的人並不值得讚賞，人們也不會認爲他值得讚賞。因此，對世界的唯一關心點，如果是世人應該讚賞他，那麼，這樣的人不可能如其所願。然而，即便他達到了目標，他也不會心滿意足，因爲，人性的本能根本無法全然以自我爲中心，自戀者依然會爲自我設下重重限制，一如被罪疚感支配的人一樣。早期人類也許會因爲身爲一名優秀獵人而自豪，但他同時也以打獵活動爲樂。當虛榮心超越了某個限度，將因爲它的作祟，扼殺每一種活動的樂趣，並無可避免地導致無精打彩與無聊厭煩的後果。虛榮心的根源經常是缺乏自信，而應對辦法則是培養自尊。然而，唯有眞正地投入於我們對外在的興趣所帶來的活動上，才得以獲得自尊。

自大狂與自戀者的相異之處在於，他希望自己有權威感而非迷人，他努力讓人畏懼而非愛慕。許多瘋子與歷史中大部分的大人物，都屬於這個類型。一如虛榮心，權力慾也是正常人性中的重要成分，而且也爲世人所接受，唯有在它表現過度，或是再加上現實感不足時，才會讓人哀嘆。一旦出現如此的狀況，權力慾將使人鬱悶不快或愚蠢可笑，或兩者皆是。以爲自己是一國之君的瘋子，在某種意義上，可能春風滿面，但他的幸福，並非任何心智健全者所羡慕的那種快樂。亞歷山大大帝在心理上與瘋人無異，不過他擁有實現瘋人心中夢想的才能。然而，他卻無法實現自己的夢想：隨著他征戰天下，功績與日俱增，他的夢想也不斷開疆拓土；當他明白自己是史上最顯赫的大征服者時，他決定以神自居。那麼，他是個快樂的人嗎？他酗酒、經常暴怒，對女人無動於衷，並自稱擁有神性，在在暗示他並不快樂。僅僅琢磨人性中的某一成分，而全然不顧其他成分的發展，並無法使人達到心滿意足的極致境界；而把整個世界視爲彰顯個人崇高自我的素材，也同樣不會稱心如意。一般而言，無論是精神失常或表面上正常的自大狂，皆衍生自某種過度的受辱經驗。拿破崙在學生時代深受自卑之苦，因爲，同學個個非富即貴，而他家世微寒，只是個領獎學金過日子的窮小子。當他後來允許流亡者回國，見到昔日同窗在他面前鞠躬致意，他登時感到志得意滿。這情境，是多麼令人歡欣雀躍啊！但是他爲了獲取同樣的滿足感，進而妄圖沙皇臣服腳下，最終也使他走上聖赫倫那島的流放之途。由於無人得以無所不能，全然由權力慾所支配的人生遲早都會遇上無法克服的阻礙。唯有某種形式的瘋狂，才能橫加阻撓當事人在意識上獲得這樣的理解，然而，只要一個人權勢夠大，就能隨意囚禁或處決試著為他點明這番道理的人。由此可知，壓制的概念，在政治與精神分析這兩個領域上，可說相輔相成。無論出之以怎樣的形式，只要明顯呈現出精神分析意義上的壓制現象，就不會有眞正的幸福到來。當權力不逾越自身的界限時，可以大大增加幸福感，然而，當它成為人生的唯一目標時，就會帶來內在的災難，或是外在的風暴。

◎

顯而易見，鬱悶不快的心理成因複雜多樣。不過，種種原因卻有某些共同的根源。典型的不快樂的人，在年輕時被剝奪了某個正常滿足的經驗，導致他更加看重這一種滿足，遠甚於任何其他的快樂體驗，這於是使他的生活成了一條單行道，並且會過度強調滿足的實現，因而忽視了與這種滿足相連結的活動的意義。然而，在今日，一種進一步的變相轉化型態，卻變得相當常見。一個在滿足經驗上屢屢受阻的人，挫敗感是如此強烈，導致他不再尋求任何形式的滿足，而只浸淫在娛樂與遺忘之中。他於是變成了「享樂」的信徒，亦即，他藉由麻木自己，來讓生活容易忍受。比如酗酒的行爲，一如短暫的自殺，它只會帶來負面的、讓人暫時遠離煩憂的愉悅。自戀者與自大狂相信，獲得幸福是可能的事，儘管他們也許採取了錯誤的方法；但是以任何形式毒害自己的人，卻已全然放棄希望，沉入茫茫的深淵。對於這樣的人，首要之務是說服他接受，幸福是値得擁有的。不快樂的人，正如不時失眠的人，總是會對他們的現狀頗爲自豪。或許，他們的驕傲，一如失去尾巴的狐狸對自己的感受；如果眞是如此，那麼，矯正的辦法自然是指點他們長出新尾巴的方法。我認爲，假使人們知道如何活出快樂的自己，鮮少有人會故意選擇鬱悶消沉的生活。我並不否認有如此的人士存在，但人數應該不致太多，遂可加以忽略。因此我將假定，讀者偏好快樂無憂，勝過鬱鬱寡歡。我並不知道自己能否協助他們實現願望，但至少這樣的嘗試絕對不會傷害他們。

第二章　拜倫式的鬱悶

在今天，正如在世界歷史上的許多其他時期，以下的假定都很常見：我們之中的那些睿智人士，已經看透了過往年代以來所有的狂飆與激情，因而明白，再也沒有什麼事物值得一生戮力以赴。抱持如此觀點的人士，是眞正的鬱悶之人。他們以自身的抑鬱爲傲，他們把煩悶的原因歸諸於宇宙的本質，並認爲，對於有見識的人來說，這是唯一應該擁有的明智態度。他們對於鬱悶的自豪，使得較不世故的人質疑起了如此說法的眞誠程度，因爲後者認爲，能以悲慘爲樂的人，實際上並不悲慘。這是個過於簡單的觀點，因爲，即便這些受苦者無疑在優越感與洞察力方面獲得了些微的補償，卻並不足以彌補他們所喪失的單純快樂。我並不認爲，不快樂本身擁有任何更爲高明的道理。只要情況允許，睿智的人也會眉開眼笑；如果他發現沉思宇宙的痛苦超過了某個限度，便會轉而沉思其他對象。這是我在本章中所希望證明的論點。我希望可以說服讀者，無論論證爲何，理性都不會爲幸福設下任何禁令。一點也不。而且我深信，凡是眞誠地將自身的憂愁歸諸於他們的宇宙觀的人，其實犯了本末倒置的錯誤：眞相是，他們因爲某些他們並不知曉的原因而鬱鬱寡歡，而如此的煩悶不快，促使他們心中始終縈繞著，在他們所居處的世界中那些讓人比較難以接受的特點。

我希望予以思考的這個論點，對現代美國人來說是由約瑟夫．伍德．克魯奇（Joseph Wood Krutch）於他所著的《現代脾性》（*The Modern Temper*）一書中所談及；而對於我們的祖父輩那一代，是由拜倫（Lord Byron）所提出；而就所有時代的人來說，則是由《傳道書》（*Ecclesiastes*）的作者所闡述。克魯奇先生指出：「我們無藥可救，而且，在這個自然宇宙中，沒有我們的一席之地。但是，儘管如此，我們並不遺憾成爲人類。我們應當寧可身爲人類而死，也不願如同動物般苟活。」拜倫寫道：

> 當思緒萌芽的光輝，在感受的緩慢侵蝕下日漸黯淡，
> 世界可以給予的喜悅，一點都不及它所帶走的歡愉。

而《傳道書》的作者則這麼說：

> 因此我禮讚早已死去的死者，勝過對依然活著的在世之人。

確實，那尚未出生、尚未見到光天化日下邪惡橫行的人，他比上述兩者都好運。

這三名悲觀論者在審視了生之喜悅後，全都得到陰暗消沉的結論。克魯奇先生生活在紐約最頂尖的智識圈中；拜倫泅泳在達達尼爾海峽，風流韻事從不間斷；而《傳道書》的作者爲了追求快樂更從事了五花八門的活動：他飲酒作樂，彈琴奏樂，「嘗試過各種各樣的事情」，他建造水池，他雇用男僕女傭，有的僕役更在他家出生長大。即便在如此環境，他的智慧依然沒有遠離他。不過，他看出，這一切皆是虛空，甚至連智慧也包含在內。

我讓我的心去認識智慧、瘋狂與愚蠢：我了解到這個舉動同樣是精神上的煩擾。
因爲，更多的智慧，是更多的悲愁：增長了知識的人，也增長了悲痛。

他的智慧看來使他厭煩；他想驅除智慧的努力卻也功敗垂成。

我在心中自語，現在去吧，我將以歡聲笑語測試你，所以請盡情去享受快樂：然後，看吧，這同樣也是虛空。

但他的智慧卻始終與他同在。

然後我在心中自語，既然蠢人會遭遇的事，也會發生在我的身上，那麼我為何更睿智呢？然後我在心中自語，這同樣也是虛空……

所以我憎惡生命；因為在太陽之下的一切勞作，對我都是苦痛：因為所有一切皆是虛空，皆是精神上的煩擾。

◎人們不再閱讀久遠以前寫下的著作了，這對今日的文人來說很幸運，因為，如果人們去讀古書，可能會獲得這樣的結論：無論關於水池還有多少新鮮事可談，去寫作新書肯定只是一場虛空。假使我們能證明，對睿智之人開放的思想並非僅有《傳道書》的教義這一種而已，我們就無須再為其他針對相同感受所表達的論述，感到太過困擾。在這類論述中，我們必須將其中的感受與其所包含的知性表述區分開來。感受無法論辯；感受會隨著某幸運事件的發生，或身體狀態的變動而改變，但它無法被論證改變。我自己經常體驗到萬物皆空的感覺；而我擺脫它的方式，並非藉助任何哲學思想，而是得益於行動所具有的某種絕對必然性。如果你的孩子生病了，你可能因此愁眉苦臉，卻不會感到萬物皆空；你將會設法去讓孩子恢復健康，無論人類生命是否具有任何終極價值。一名富人可能會感到萬物皆空（這經常發生），但是，如果他碰巧錢財盡失，便絕不會認爲他的下一頓飯也是人生的虛空。這種空虛的感受，其實是人們輕而易舉即可滿足自然需求以致。人類這種動物，如同其他動物一般，適合或多或少爲生活溫飽賣力奮鬥；而當人類藉由巨大的財富，不用付出任何努力就能滿足一切的奇思怪想，那麼，單單是人生缺乏努力這一點，就已經剝除了幸福的一項根本要素。當一個人輕易地滿足了僅有一般程度的渴望，他會因而下結論說，滿足渴望並不會帶來幸福。如果他愛好思考，則會斷定人類生活從本質上就是場悲劇，因爲即便擁有了想要的一切，人依舊悶悶不樂。但是他忽略了一點：未能擁有其中一些你所渴望的事物，其實正是幸福的一個必要條件。

有關感受的討論暫且至此。不過，《傳道書》中也有知性論述的觀點。

河川流入大海，但海未見盈滿。
太陽底下沒有新鮮事。
故人往事，無人銘記。
我厭惡太陽底下親力而爲的一切勞作：因爲，必須將成果留給後人。

假使要以現代哲學家的風格來建立這些論點，那麼論述大略如下：人的一生勞碌奔波，世事也變動不居，儘管隨之而來的新事物與已然逝去者毫無二致，萬事萬物仍無一能夠長存。人終有一死，他的繼承人會獲得他的勞動收益；河川奔流入海，河水卻不被允許在原地停留。在一個無止盡、無目的的循環中，人與物生而復死、死而復生，毫無進步革新，毫無累世功績，如此日復一日、年復一年地過去。假若河川有智慧，它將在原地不動。假若所羅門有智慧，他將不會種下果樹來讓兒子享用果實。

然而，只要處在另一種心情裡，上述種種想法將會展現出相差甚遠的面貌。太陽底下沒有新鮮事？那麼摩天大樓、飛機，與政治人物的廣播演講又該怎麼說？所羅門❶知道這些東西嗎？假如他可以經由無線電收聽示巴女王（Queen of Sheba）從他的領地返國後對臣民所發表的談話，難道站在那些不值一提的果樹與水池旁的他，不會感到一絲安慰嗎？假如他擁有一組新聞人員替他蒐集剪報，讓他知道報紙是如何談論他起造的建築之美、後宮的稱心適意，以及那些與他爭鋒相對的敵手的狼狽窘態，他還會繼續說著太陽底下沒有新鮮事嗎？這些事物或許無法全然矯正他的悲觀論，但他卻不得不給予它們一個新說法。事實上，克魯奇先生對我們這個時代的抱怨之一，正是太陽底下有太多的新玩意了。假使無論新穎事物的存在與否皆使人厭煩，那麼，它的有無，就幾乎不會是造成絕望的眞正原因。現在，再來看看以下的陳述：「河川流入大海，但海未見盈滿；河川所來自的地方，河川會再度返回那兒。」這個觀點被視作悲觀論的基礎，它假定，往返旅行並不令人愉快。人們夏天去療養地休養，不久之後又再度返回他們所來自的地方。這並不代表夏天去療養地就是趟無意義之旅。如果水有感受的

❶《傳道書》當然不是所羅門所寫，但方便起見，以他來暗指作者。

話，它或許會相當享受這個充滿冒險的循環，像詩人雪萊（Percy Shelley）在〈雲〉（'The Cloud'）一詩中所描述的一樣。至於留下財物成就給身後子嗣的痛苦，或許必須考慮另一種審視觀點，亦即，還存在有繼承人的看法。從繼承人的角度來看，這顯然並非多麼糟糕。而所有事物都會在自身的循環中傳遞下去，這件事同樣並非悲觀論的理由。假使，在事物的循環中，繼之而來出現的是更糟的事物，悲觀就有其道理，但是，如果隨之而來的是更好的事物，那麼，這不就成爲了樂觀論的理由？假使，如同所羅門的主張，繼之而來的事物恰恰與先前的事物一模一樣，那麼，我們該怎麼來思考這件事？這不是讓整個過程都毫無價值了嗎？絕對不會——除非循環過程的不同階段本身都痛苦不堪。展望未來，並且認爲當下此刻的意義全然取決於事件之後所產生的結果——這種思考習慣是一種惡習。除非局部也擁有價值，不然整體不可能有價值。思考人生，不能類比於通俗劇；在通俗劇中，男、女主角歷經難以置信的厄運災難，最終獲得圓滿結局的補償，但人生並非如此。我活過並擁有我的輝煌日子，我的兒子繼承了我，並也將有他的輝煌日子，然後他的兒子再接著繼承他。這種種有何悲劇可言？相反地，假使我長生不死，生之喜悅最終將無可避免地失去滋味。就事實而言，人生的喜悅一直都新鮮可嚐。

> 我在生命之火前烘暖了雙手，
> 火漸漸弱下，我也準備好離去。

這種態度，其實與面對死亡的憤怒態度同樣合理。因此，如果理性能夠決定感受，那麼對於歡樂與絕望，各自都將具有足夠的理由。

◎

《傳道書》的論調悲痛，克魯奇先生的《現代脾性》則是可悲。基本上，克魯奇先生的哀傷，是因爲許多在中古世紀與某些在較爲晚近的時期中爲人們所確信不移的事物，已然崩壞。他說道：「至於當前這個縈繞著來自陰間的鬼魂、尚未覓得自身歸屬感的不幸時代，它的困境，與一個尚未學會如何不用參照童年時浸淫其間的神話體系去定位自己方向的青少年，所面對的問題並無二致。」這則陳述完全正確，適用於某一部分的知識分子：那些人接受過文學教育，對現代世界一無所知，整個青年時期都被教導信念要奠基於情感之上，並且，無法擺脫對於保護與安全感的幼稚願望——這是科學的世界所無法滿足的願望。如同大多數的其他文人，克魯奇先生也擁有這樣的頑念：科學沒有實現它的承諾。他當然沒有告訴我們這些承諾爲何，但看來他是認爲，達爾文與赫胥黎這些學者在六十年前便預期科學將有新發展，結果卻並未發生。我認爲這種想法根本是一場誤解，之所以會受到那些作家與神職人員的支持，只因爲他們不希望自己的專長被視爲毫無價值。確實，當前這個世界存在有許多悲觀論者。但無論何時，只要有很多人的收入減少，就始終會有很多悲觀論者。克魯奇先生實際上是個美國人，而整體說來，美國人的收入在第一次世界大戰後是有所增加的，但由於戰爭帶給了所有人一種不確定感，歐洲大陸各地知識階層的生活都痛苦不堪。如此的社會性原因，大大影響了時代的氛圍，遠比對世界本質進行理論思考所引起的衝擊更爲巨大。少有時代比十三世紀更讓人感到絕望，儘管，除開皇帝與幾個位高權重的義大利貴族，當時所有人均篤信克魯奇先生所深感惋惜的那種信仰。於是羅傑・培根說道：「比起任何過往的年代，我們這個時代觸目可見更多的罪惡，而罪惡與智慧兩者並不相容。讓我們審視世界的現狀，並細心思考各地的問題：我們將會發現多不勝數的腐敗亂象，而且，爲首作亂的就是統治者……荒淫無度使整個宮廷蒙羞，酒池肉林更是惡中之惡……假使在上位者竟是這番作爲，那麼他的臣民又當如何？看看高級教士的行徑即可得知：他們追逐錢財，不在乎靈魂是否得救⋯⋯就教會團體來說，也無一人不涉及其中。看看他們如何一個個偏離正道、墮落成性；新的托缽修士修道會也已經遠離最初的尊嚴，腐敗到無以復加的地步。神職人員全體汲汲營營於虛名、淫慾與貪婪之中：這些人無論聚集在何處，巴黎也好，牛津也罷，都以鬥爭、口角與其他罪行震驚所有信徒⋯⋯只要可以滿足慾望，無人在乎自己的作爲好壞，人人皆不擇手段。」而對於古代的異教賢士，培根指出：「他們的生命洋溢著歡喜、富足與榮耀，無論是合乎禮儀的舉止或是對俗世的輕視，他們在任何標準下都遠比我們高尚；如同所有人都可以在亞里斯多德、塞內卡（Lucius Annaeus Seneca）、圖里（Tully; Marcus Tullius Cicero）、阿維森納（Avicenna; Ibn Sina）、阿爾法拉比烏斯（Alfarabius）、柏拉圖、蘇格拉底與其他人的著作中所讀到的，他們獲得了智慧的秘密，並發現了所有的知識❷。」羅傑·培根的觀點，代表著與他同時代的所有文人的看法，他們沒有人喜歡所置身的時代。我毫不相信，如此的悲觀論有任何形上學的原因。它的眞正原因就是戰爭、

❷引自庫爾頓（George Gordon Coulton）所著《從聖方濟各到但丁》（*From St. Francis to Dante*），頁五十七。

貧窮與暴力。

克魯奇先生在他書中最可悲的一章，討論了愛情這個主題。維多利亞時代的人們表現出對愛情的高度看重，然而，擁有現代世故態度的我們，則似乎已經看透了它。「對維多利亞時代富懷疑精神的人來說，愛情展現出某些他們已然失去的上帝的功能。面對愛情，許多最頑固的人也瞬間成爲神秘主義者。他們發現自己面對著某種感受，這種感受在他們心中喚醒了一股獨一無二的崇敬之情，而且，他們在生命的最深處中感覺到，必須對這份感受奉獻絕對的忠誠。對他們來說，愛情如同上帝一般，要求全心全意的犧牲；但是，愛情同樣也如上帝一般，僅以對人生萬象賦予尚未解析出來的意義，來回報給他的信徒。相較於他們，我們逐漸地更加習慣了沒有上帝的世界，然而，我們卻尚未習慣於一個無愛的世界，只有當我們逐漸如此之後，才會理解無神論的眞正意謂爲何。」我們這個時代的年輕人對維多利亞時代的看法，與眞正生活其中的人們的感受是如此相異，說來眞是不可思議。我還記得，我年輕時所熟識的兩位年邁夫人，她們在某些方面都屬於典型的維多利亞時代人。其中一位是清教徒，另一位則是伏爾泰的追隨者。前者對有這麼多的詩文都在書寫愛情感到遺憾，她認爲這個主題索然乏味。後者則評論道：「沒有人可以反駁我，我一向認爲，違反十誡的第七誡（不可姦淫），並沒有像違反第六誡（不可謀殺）那麼糟，因爲，不管情況如何，違反第七誡都需要另一方的同意才辦得到。」這兩個觀點，與克魯奇先生針對典型維多利亞時代所提出的看法，可說大異其趣。他的概念明顯來自某些與所處環境扞格不入的作家。我認爲，最佳的例子就是羅伯特．白朗寧（Robert Browning）。我不得不承認：他所設想的愛情，帶有某些古板的成分。

感謝上帝，祂最卑微的造物，
自豪於擁有兩面靈魂，一面展示給世界，
一面展示給他所愛的女人！

◎

這假定了，鬥志是面對整個世界唯一可能的態度。爲什麼？因爲世界殘酷不仁——白朗寧也許會這麼說。因爲世界不會根據你對自己的評價來接納你——我們則應該這麼說。一對夫妻可能如同白朗寧夫婦一般，形成一個相互讚賞彼此的共同體。身邊能有個確定會讚美你的作品的人——無論它值不值得——堪稱美事一樁。然而，當白朗寧口無遮攔地譴責菲茨杰拉德（Edward Fitzgerald）竟敢不欣賞《奧蘿拉．李》（*Aurora Leigh*）❸這本傑作時，他無疑感到自己是個出類拔萃的陽剛男子漢。我從不覺得，雙方完全擱置批判能力的態度眞的值得佩服。這與恐懼有關；也與爲了躲避公正持平的評論所掀起的寒風，而渴望找到避風港有關。許多上了年紀的單身漢，也學會從原本的家人身邊獲取相同的慰藉。依照克魯奇先生的標準，我本身生活在維多利亞時代的時間太長，以致無法成爲一個現代人。我完全沒有喪失我對愛情的信念，但我所信仰的愛情，並非是維多利亞時代的人所仰慕的那一種；它將富有冒險性格並令人驚奇，它在讓人體驗美善的同時，不會順帶使人遺忘邪惡，也不會道貌岸然或故作聖潔。這些特質會被歸諸於使人欽羨的愛情之中，其實是性禁忌所造成的結果。維多利亞時代的人深深相信，大多數的性都是邪惡的，於是他們不得不爲他們所讚許的愛情加上誇張的形容詞。比起現在，當時性飢渴的程度更高，這無疑會使得人們去誇大性的重要，恰如禁慾主義者向來的主張一樣。我們正在經

❸白朗寧夫人的首要詩作。

歷一個有些混亂的時期，許多人拋棄了舊日的行爲標準，卻尚未獲得新標準來取而代之。這使得他們陷入了種種困擾；由於他們的無意識通常仍然相信著舊日準則，因此當困擾發生，就會爲他們帶來絕望、悔恨與憤世嫉俗等感受。我並不認爲遭遇這種問題的人非常多，但這些人卻是我們這個時代中最大放厥詞的人士之一。我認爲，假使以我們這個時代與維多利亞時代富裕年輕人的一般情況來比較，我們會發現，比起六十年前，如今遠遠有更多人在愛情關係上感到幸福，並且眞誠地信賴愛情的價值。導致某些人變得偏激的原因，既與昔日的理想價值支配著無意識有關，也與今日某種理性倫理體系的缺乏，使得人們在調整舉止時沒有足供參照的標準有關。改正的辦法，並不存在於對舊日的哀嘆與懷念之中，而是該更勇敢地去接納現代的觀點，並下定決心從所有陰暗的角落，根除那些只在表面上被拋棄的迷信與頑念。

◎

企圖簡要地談論人爲何重視愛情的價值，可說並不容易。不過我願意一試。首先，愛情之所以獲得重視，是因爲它本身即是歡悅的泉源——雖然這並非它最大的價值所在，卻是其餘所有愛的價值的必要基礎。

哦愛情！他們誤解你甚深
說你甜美卻苦口，
但你美味多汁的果實
使得世間無一物能更甜蜜。

這首短詩的佚名作者，並非在替無神論或宇宙的奧秘尋求解答；他只是樂在其中。愛情不僅是歡悅的泉源，沒有愛情也將會是苦痛的泉源。其次，愛情之所以受到珍視，是因爲它使所有美事所帶來的快樂——比如聆賞音樂，或凝望夕照落山巒、海上生明月——都進一步獲得了提升。從未在愛慕伴侶的陪伴下享受過美好事物的人，無法全然體驗到這些美事所能夠帶來的神奇力量。而且，愛情可以粉碎自我堅硬的外殼，因爲，愛情是一種生物性協力的形式，在其中，一人的情感是另一人滿足本能的需求目標時所不可忽略的因素。這個世界在不同的時代中，出現過各種各樣主張獨善其身的哲學思想，有些極爲出色，有些則較爲一般。斯多葛派哲學家與早期的基督徒相信，人僅要依靠自身的意志，就能實現人類生活所能達到的至善境界，至少不用藉助其他人類之力；有些派別把權力視作人生的目的，還有一些學派則僅以個人享樂爲目標。所有這些哲學之所以被稱爲有獨善其身的傾向，是因爲它們假定個別個體即能夠理解與實現美善，而非在或大或小的群體中才能達成。對我而言，這樣的觀點皆屬謬誤，不只在倫理理論上如此，而且在描述我們的本能表現較佳的部分上亦然。人類依賴協力合作，天生擁有一種本能構造——確實還有些不足——能夠產生出相互合作所需要的友善態度。愛情是第一種、也是最常見的一種能夠導向協力合作的情感形式；無論強度高低，凡是體驗過愛情力量的人，將不會再滿足於那種假定自身的至善境界與所愛之人無涉的哲學。就此觀點而言，親情遠遠更具威力，不過，在最佳狀態下的親情表現，正是雙親之間的愛情所衍生的產物。我並非意指最高形式的愛情很常見，不過我確實主張，在愛情的最高形式中，它會顯露出在其他情況下必定不爲人所知的價值，而且它本身就擁有懷疑論無法撼動的價值——儘管自身無法體驗愛情的懷疑論者，可能會錯誤地把他們與愛無緣的情況，歸因於懷疑論使然。

眞愛是永恆之火，

在心中燃燒久久，

從不厭倦，從不死滅，從不冷卻，
從不背離自身。❹

我接下來要討論克魯奇先生有關悲劇的看法。他認爲——我倒是同意他這項論點——易卜生（Henrik Johan Ibsen）的《幽靈》（*Ghosts*）一劇，在表現上不及《李爾王》。「在戲劇的表現力與編寫台詞的才華上，無一能使易卜生脫胎換骨成爲莎士比亞。莎士比亞的戲劇創作所調度的素材——他對人性尊嚴的構思、對人類激情重要性的理解、對人類生命廣度的洞察力——這種種完全不曾、也不可能存在於易卜生身上，一如這些特色不曾、也不可能存在於易卜生的同代人身上一樣。在這其間幾個世紀的進程中，上帝、人與自然的論述規模逐漸縮減，並不是現代藝術的寫實主義教條導致我們挑選出了卑賤的人物，而是因爲，試著合理化我們觀點的藝術寫實主義理論，在促成它發展的過程運作下，人類生命的卑賤特性，不知爲何，

❹ 出自英國探險家、詩人沃爾特．雷利爵士（Sir Walter Ralegh）的詩作〈沃辛漢〉（*Walsingham*）。

同時被猛然地推向我們眼前。」無疑的事實就是，過去處理王子與他的哀愁的那種老派悲劇，已經不適合我們的時代；而當我們想以相同的方式處理某個小人物的哀愁時，所收到的效果卻並不相同。然而，造成如此現象的緣由，並非是我們對人生的見解有所退化，反而恰恰相反，是由於我們不再把某些個體視爲有權擁有悲劇性激情的世間大人物：所有其餘的人必須辛勤勞動，以造就那少數幾人的卓越人生。莎士比亞說道：

當乞丐死去，不會看見彗星劃過天際；
而當王子撒手人寰，天堂則綻放光芒。

◎

在莎士比亞的時代，如此的感受即使並非被世人照單全收，至少也表述了一種實際上很普遍的見解，而它想必深深彰顯了莎士比亞本人的看法。因此，詩人辛納（Cinna）之死是喜劇，而凱薩、布魯圖斯（Brutus）、卡西烏斯（Cassius）等角色的死亡是悲劇。我們已經失去了個人之死所含有的巨大意義，因爲，我們已是民主社會，而民主不僅顯現於外在形式，更深植於內心深處的信念之中。所以，今日的重大悲劇必須事涉群體，而非個人小我。我將以恩斯特・托勒爾（Ernst Toller）的劇作《一介凡人》（*Massenmensch*）❺爲例，來加以說明。我並非主張這齣戲與昔日黃金年代中所搬演的偉大戲劇一樣好，但我的確認爲它足以相提並論；它的心態高貴、意旨深遠、切合事實，並關注英雄般的行動，正如亞里斯多德對於優秀悲劇的看法，它「經由同情與恐怖，淨化了讀者的心靈」。迄今在現代悲劇中這樣的例子還相當少見，因爲舊有的技巧與傳統必須被迫放棄，卻又不能僅以教化不足的平庸來取而代之。要創作悲劇，寫作者必須對悲劇有所感受。而爲了對悲劇有感，一個人必須對生活其間的世界有所意識，不僅能夠思考它，還要能感同身受。克魯奇先生在他的整本書中不時談及絕望，人們會被他接納這個荒蕪世界的勇氣所感動，然而，世界之所以荒蕪，是因爲他與大多數文人尚未習得，如何在回應新刺激的同時，去感受舊有的情感。各種刺激確實存在，但並不在文學圈裡。文學圈裡的人對社會群體的生活缺乏親炙其中的接觸；假使人們想要提升感受中的嚴肅性與

❺ 該劇名被錯譯爲「Masses and Man」（群眾與人），正確的翻譯應爲「The Mass-Man」（一介凡人）。

深度——悲劇與眞正的幸福即發生在其中——那麼，如此的接觸交流就不可或缺。對所有感到世上無事可做，因而四處閒晃的聰穎年輕人，我會這麼奉勸：「放棄提筆寫作的努力，相反地，試著不要去寫任何一個字。出門去見識外面的世界，去做海盜、去婆羅洲自封爲王，去蘇聯當工人。去過上一種全身的精力都用在滿足基本生理需求的日子。」我並不是建議每個人都應該從事這樣的行動；這只針對那些遭受克魯奇先生所診斷的疾病侵襲之苦的人。我相信，經過幾年這樣的日子之後，這位先前的知識分子將會發現，即便他想阻止自己寫作，也完全沒辦法做到。而當這一刻來臨時，他將再也不會對筆下的文章感到一文不值。

第三章　競爭

如果你詢問任何一位美國人，或任何一位英國商人，最妨礙他享受生活之樂者爲何，他將會回答：「爲生存的拼搏奮鬥。」他如此眞誠地道出這句話，他也將全心相信它。在某個意義上，此言不假；然而，在另一個非常重要的意義上，這句話卻著實大錯特錯。爲生存拼搏奮鬥這件事，當然確實會發生。如果運氣不佳的話，我們每個人都可能會遭遇到。比如，它就發生在小說家康拉德（Joseph Conrad）筆下的主人翁佛克身上：佛克發現自己身在一艘棄船上，而在水手之間，只有兩個人有槍枝，他是其中之一；此時船上已經斷糧，可吃的食物只有其他人。當兩名有槍的人解決完最後一份他們一致同意的餐點以後，眞正爲生存拼搏的大戲就上場了。佛克贏了，但他此後終生茹素。這完全不是商人在談及「爲生存拼搏奮鬥」時所要表達的意思。那是個不準確的說法；商人會這麼說，只是爲了讓某些在根本上不值一提的事情獲得尊嚴。可以試著問他，在他所屬的生活階層當中有多少人死於飢餓？也可以去問他，他的朋友在破產之後都發生了什麼事？眾人皆知，就物質上的安穩與否而言，一名破產的商人，比起從未富裕到有機會破產的人，在生活上總是更有餘裕。所以，說自己在爲生存而奮鬥的人，意思其實是他正在爲成功而奮鬥。人們投身在奮鬥的過程中，害怕的並非吃不到隔天的早餐，而是自己的成就沒辦法勝過隔壁的鄰居。

說來非常奇特，人們似乎甚少理解到，自己並非被一部無法從中逃脫的機械裝置控制著行動；他們之所以還一直待在這台踏車上，只因還沒發現它無法使他們提升到更高的層次。當然，我所思考的對象是在企業中屬於較高階層的人士，這種人已經收入豐厚，如果他們願意，大可以僅靠積蓄維持生活。但是，這麼做似乎會使他們感到羞恥，如同大敵當前卻棄械潛逃，雖然，如果你詢問他們的工作對社會有何貢獻，一旦歷數完了那種可以在頌揚勤奮生活的廣告中找到的老生常談，他們就會不知該如何回答。

讓我們思考一下這樣一個男人的生活。我們可以假定他有一棟美麗的房子，一名迷人的嬌妻，與可愛的兒女。他一大清早起床，當妻兒還在睡夢中時，就趕緊出門上班。在公司，展現高明主管的特質是他的責任；他訓練自己要有一個堅毅的下巴，說話風格堅定果斷，並且，爲了讓每個人印象深刻，他精準地算計，表現出一副聰穎的謹慎模樣——不過辦公室的助理卻不吃他這一套。他口述信件內容，與各種重要人士進行電話交談，研究市場風向，然後趕緊去跟某位正在進行簽約、或打算談成交易的人士一起午餐。午後，則繼續進行與早上相同的工作內容。回到家時，他疲累不堪，僅勉強趕上在晚餐前換穿禮服就席。在晚宴席間，他與其他幾個同樣疲憊的男人，不得不假裝享受著女士們的陪伴——她們還沒任何道理感到疲倦。很難預測還要經過多少時間，這名可憐的男人才能離席。最後，他上床睡覺，終於有幾個鐘頭的時間可以讓緊張放鬆下來。

◎

這名男人在工作生涯中，表現出如同百米賽跑的心理狀態，不過，就他所投入的這場賽跑來說，唯一奔向的終點卻是死亡；而百米賽跑所要求的專注力，長期下來也變得有些過度。他對自己的子女了解多少？週間，他人在辦公室；到了週日，則身在高爾夫球場。他對自己的妻子了解多少？當他在早上離家出門，她還在睡覺；而在整個夜間派對上，他們善盡社交本分，因而無法進行親密的對話。他大概也沒有什麼重要的男性朋友，儘管他對幾個哥兒們表面上很熱絡，也希望可以感受到來自對方的友情。只有當季節影響到了市場走向時，他才有感於春來秋去；他大抵也見識過歐洲，但眼神透露著無聊乏味。書本對他而言毫無用處，音樂則高深莫測。年復一年過去，他愈來愈孤獨，眼界更爲侷限，在事業之餘的生活也愈見貧乏。

我見過這類男人，年紀已過中年大半，帶著妻子、女兒在歐洲旅遊。顯然他的妻女說服了這個可憐的傢伙，告訴他是時候了，該度個假，該給他的女兒們一個機會去遊覽「舊世界」。媽媽與女兒開心地圍繞著他，叫他注意每一個令她們嘖嘖稱奇的新事物。這位一家之主，疲憊與無聊全寫在臉上，腦子裡想著：這時候辦公室裡的同事都在忙些什麼，或者，棒球界裡又有什麼新鮮事。最終，他的女眷放棄了他，並下結論道：男人都是非利士人（編注：非利士人爲地中海區的一支古民族，後用來意指不尊重藝術、文化之美的人）。她們從未明白，他是她們的貪婪的犧牲品；確實，也不盡然如此，如同歐洲人在聽聞印度寡婦殉夫自焚的行爲時，心中所興起的想法也不一定是事實一樣。或許，十個寡婦中有九個都是自願犧牲，準備爲了自身的榮耀跳入火中，因爲她們的宗教正是如此律令。而這名商人的宗教與榮耀則要求他應該賺上更多錢；因此，如同印度教的寡婦一般，他滿心歡喜地受苦受難。假使這個美國商人希望能更快樂一些，那麼，他的當務之急就是改宗換教。只要他仍渴望成功，並全心相信男人的職責就是追求成功，不這麼做的人就是個差勁的傢伙，那麼，他的人生終將因爲長時間太過專注、太過焦慮，而無法獲得幸福。就以投資這樣簡單的事情爲例來說明好了。與其從一項安全投資中獲取百分之四的利潤，許多美國人寧願選擇投資風險較高的項目，以賺取百分之八的利潤。如此所導致的後果是經常損失大筆金錢，以及夜以繼日的憂慮與煩躁。對我而言，我希望可以經由金錢獲得的是沒有後顧之憂的空閒時光。然而，典型的現代男人渴望從金錢獲得的卻是更多的金錢；他們期望炫耀自己的名聲，並勝過迄今爲止與自己勢均力敵的人。美國的社會階級並不穩定，始終處於流動之中。因此，訴諸勢利的情感，會比起在其他社會階層固定不變的地方，顯得更爲活躍，也更令人焦慮不安；儘管金錢本身並不足以使人不可一世，但是，沒有金錢卻也很難自命不凡。此外，賺錢的多寡，也普遍被接受爲衡量能力的標準。發大財的是聰明的傢伙，而淘不了金的則資質愚昧。沒有人喜歡被當作傻瓜看待。所以，當市場狀況難以掌握時，人們就會重回到學生時代準備考試時那種七上八下的心情。

◎

我想，應該承認，對於破產的隱憂，這種眞實卻非理性的恐懼，經常成爲商人生活焦慮的原因。作家阿諾德．貝內特（Arnold Bennett）筆下的主人翁克雷韓爾，儘管已經晉升富人之列，卻依然不斷害怕自己會死在貧民習藝所裡。我毫不懷疑，那些童年時曾受貧困折磨的人，會始終恐懼自己的子女將經歷同樣的痛苦，並感覺幾乎不可能累積到足夠的財富，以對抗貧窮的災難。如此的恐懼，對家族第一代來說大概很難避免，但較不會影響到不知家徒四壁是何滋味的下一代。總之，對破產的恐懼是這項難題中，一個不算太大但卻有點特殊的因素。

◎ 這些困擾的根源來自於，人們過度強調競爭性的成就，來作爲獲得幸福的主要來源。我並不否認成功的感受使人更容易享受生活。比如，一個年輕時籍籍無名的畫家，如果才華能贏得認可，或許較可能會快樂一些。我也不否認，直到某個限度以前，金錢非常能夠增加幸福感；但在超過那個限度之後，我不認爲它還有此能耐。我確實主張，成功只能是幸福人生的一個因子，假使得犧牲所有其他的因子來獲得它，那麼所付出的代價就過於巨大。

◎ 這項困擾的來源正是在商業圈中最爲流行的生活哲學。確實，在歐洲，還存在其他享有威望的圈子。在某些國家，有貴族階級；在所有國家都有需要高學識的職業階層；而除了在一些小國以外，所有國家的陸軍與海軍都備受敬重。儘管無論從事何種職業，人們的成功過程確實都含有競爭因素，但於此同時，該受各界尊敬的卻並非只有成功，還有成功所賴以實現的卓絕表現，無論那意指爲何。從事科學研究的人，可能發大財，也可能沒有；假使他腰纏萬貫，無疑並不會比阮囊羞澀更受人尊敬。在發現一位名聞遐爾的陸軍將官或海軍上將一文不名時，沒有人會感到驚訝；在這種情況下的貧窮本身，某方面說來其實是種榮譽。出於這些理由，在歐洲，純粹競逐金錢的鬥爭還僅侷限在某些圈子之中，而且或許並非是最具影響力或最受景仰的圈子。在美國，情況則恰恰相反。依照他們的標準，軍隊部門在國內扮演的角色小到沒有任何影響力；至於那種需要高學識的職業，由於外人很難判斷一名醫生是否眞正懂得用藥，或一名律師是否通曉多數法條，因此，從他們的生活水準去推論收入高低，並以之判斷他們所擁有的實力，自然是比較容易的做法。至於那些教授學者們，由於都受雇於商人，所贏得的敬意也就因此而少於舊大陸的國家給予他們的榮譽。以上種種，導致在美國的專業人士模仿著商人的行徑，而不如他們在歐洲時那樣形成一個獨立的社群。於是，在整個富裕階層之間，毫無任何力量得以緩和人們在追求財務成就上既赤裸又純粹的鬥爭。

美國男孩於是從幼年起就知道這是唯一一件重要的事，他們不希望爲任何欠缺金錢價値的教育費心。教育在過去被廣泛地設想爲享受愉悅能力的培養——我是指享受那種比較高雅的活動所帶來的快樂——沒受過教育的人將難得其門而入。在十八世紀，它是所謂「紳士」的標記之一；紳士們可以在文學、繪畫與音樂中獲得一種鑑賞性的愉悅感受。今日我們可能不苟同於紳士的品味，但他們來自欣賞的快樂至少眞誠不欺。當代的富人有時也擁有文化教養，但經常出之以相當不同的型態。他們現在完全不讀書。假使他們想要提高知名度因而開設畫廊，會依賴專家來挑選畫作；他們從這些畫作上所獲得的愉悅，並非看畫時的賞心悅目，而是想到其他富人無法到手相同畫作時的暢快。對於音樂，如果他們碰巧是猶太人，可能還會保有一些眞正的品味；如果不是，那麼就會如同面對其他藝術時一般胸無點墨。以上種種，導致他們不知該如何處理自己的閒暇。當他們愈來愈富有，就更容易以錢滾錢，直到最後，一天只要五分鐘就能賺上超過他們知道如何去使用的金錢。於是這些可憐人反而因爲自己的成就而無所事事。只要成功本身被呈現爲生活的目的，便無可避免地會發生如此情況。除非人們被教導在獲得成功之後，該如何應對成功，不然如此的成就必將使他成爲煩悶的俘虜。

◎心理上的這種競爭習慣，會輕易入侵不屬於它的領域。以閱讀爲例，比如，讀書有兩種動機：第一種，是享受讀書的樂趣；另一種，則是能藉以誇耀自己。對美國的貴婦淑女來說，每個月讀上幾本書（或表現出喜歡讀書）已經成爲一種時尚；某些人眞的會讀，某些人只瀏覽第一章，某些人則讀書評，但所有人都會把書放在自己的桌子上。然而，她們並不閱讀任何古老的經典鉅作。讀書俱樂部的本月選書從未挑選過《哈姆雷特》或《李爾王》；也從未有某個月必須去了解有關但丁的種種。因此，她們所從事的閱讀一律是現代書籍，其中堪稱經典者自然寥寥可數、或完全沒有。這也是競爭的某種效應；但或許並非一無是處，因爲，就所涉及的大部分女士而言，如果由她們自己選書閱讀（她們幾乎不讀經典），結果將比由那些文學牧師與大師爲她們挑選來得更糟。

◎

現代生活對於競爭的強調，與文明標準正在普遍化衰頽的趨勢有關，如同奧古斯都時代之後的羅馬帝國也必曾出現過的景況一樣。男人與女人似乎都變得無法享受更需要理解力的樂趣。比如，在十八世紀法國的社交沙龍中臻至完美的一般交談藝術，在四十年前，還屬於一項充滿生氣的傳統。它是一門極其精巧的藝術，爲了某些稍縱即逝的事物，動用了人們高度的見識與才能。但是，在我們這個時代，誰會看重如此從容悠閒之事？在中國，這們藝術在十年前還相當興盛活絡，但我想像，國民黨分子如傳教士般的熱情應已把它掃除一空。在五十或一百年前，受過教育的人們普遍都對優秀文學有所了解，如今則僅有少數教授還關心它們。人們放棄了所有較爲安靜的樂趣。幾位美國學生在春日時分帶我漫步在校園邊上的一片林地；那兒長滿了優美的野花，但我這些年輕導遊們，卻沒有人知道這任何一種花兒的名字。如此的知識有何用處？知道花兒的名字又不能增加一個人的收入。

此問題並不只是個人的責任，也沒有任何一個人能在獨立狀態下預防。這個狀況衍生自世人普遍接受的一套人生哲學；這種哲學觀認爲人生是一場比賽、一種競爭，而贏得這場競賽的人就會獲得他人的尊敬。這種觀點導致人們過度重視培養個人的意志力，卻付出了犧牲感性與知性的代價。然而，我們如此的推論可能犯了本末倒置的謬誤。清教徒的道德家總是強調著在當前時代下意志力的重要，儘管他們最初想凸顯的價值乃是信仰。也許正是清教徒時代產出了這種意志力被過度發展、完全忽略了感性與知性的新型人種，而此種族人採取了競爭哲學，來作爲最適合他們的人生態度。無論是否眞是如此，這群現代恐龍的巨大成功——如同他們的史前原型，同樣偏好權力而非智慧——造成世人普遍仿效他們的作爲：他們已經成爲各地白人的模範，而且很可能在接下來的一百年將愈發成爲主流典型。不過，不願效法此道的人或許能從下述想法獲得安慰：恐龍最終並未稱霸四方；牠們彼此殘殺，而聰明的局外人則承接了牠們的王國。我們的現代恐龍也正在消滅自己。他們通過婚姻所擁有的子女，平均來說不超過兩名；由於他們並未充分享受生活，以致於沒有很高的生育願望。從這一點看來，他們從清教徒先人那兒所承繼下來的、過分勤奮的哲學，顯然並不適合這個世界。這樣的人生觀導致他們的幸福感如此薄弱，因而毫不關心養育子女的問題，這樣的人在生物學上已被判處了死刑。不用多久，他們必定會被比較開心與快活的人群所取代。

這種將競爭視作人生主題的想法，由於太過嚴厲、執拗，太過肌肉緊繃、意志專注，以至於無法爲後代建立可能的生活基礎，最多只能延續個一兩代。經過這樣長度的時間之後，必定會產生神經質的疲憊、各式各樣的逃脫反應，使追求快樂變得如工作一般緊張與困難（畢竟已經完全無法放鬆身心），直到最後，整個群體將由於不孕而消失。競爭哲學所毒害的不只是工作而已，休閒活動同樣備受其害。那種安詳清靜、能夠回復精力的悠閒時光，只會使人們感到無聊透頂。如此一來，必定會讓人不斷加速下去，而想當然爾的結局便是吸毒與崩潰。解決之道是去承認，一個均衡的理想人生，必將包含著明智與恬靜的生活樂趣。

第四章　無聊與興奮

依我之見，無聊厭倦作爲人類行爲的一個因子，理應受到高度重視，卻甚少有人談論。我相信，在歷史長河中，它早已是一個巨大的推動力，而如今，它所產生的效應更是前所未見。無聊似乎算是一項獨特的人類情感。確實，受囚的動物會變得意興闌珊、來回踱步、呵欠連連，但是，如果是在自然狀態下，我並不認爲動物會經驗到任何與無聊厭倦類似的情緒。在大部分的時間裡，牠們都在警戒天敵，或尋找食物，或兩者都有；牠們有時求偶，有時則努力取暖。即便是牠們不快樂的時候，我也不認爲牠們會感到無聊。在這一點上，如同其他許多方面，類人猿最有可能與我們相像，不過，由於未曾與類人猿一起生活，我還沒有機會進行實驗。無聊厭倦的一個必要元素，存在於下述兩者的比對之中：一者是眼下的生活狀況，另一者則是其他某些比較令人愉快、讓人不由自主一直想像著它的生活情境。無聊的另一個要素則是感官機能必定沒有在全力運轉。逃離敵人的追殺，我想，並非是一個快樂的情境，但當事人肯定不會無聊。某個面臨著死刑處決的人，也不會感到無聊，除非他擁有超人般的勇氣。同樣的道理，沒有人會在上議院進行初次演說時打呵欠——除非是已故的德文郡公爵，而他也因此獲得了其他貴族議員的敬重。無聊，在根本上是種對新事件的渴望遭受挫折後的反應；新事件並非必然是指快樂的事，而是那些讓無聊的當事人在過日子時，能夠辨認出每天有所不同的事。而無聊的反面，其實並非愉悅，而是興奮。

◎

對興奮的渴望，深植在人類心理之中，男性尤然。我以爲，處於狩獵階段中的人類，比起此後的歷史時期，更容易滿足對興奮的渴求。打獵令人興奮，戰爭令人興奮，求愛亦然。部落社會早期的男人會想方設法與女人私通，即便她的丈夫就睡臥一旁；只要這名丈夫醒來，他就是死路一條，卻照樣勇往直前。我想，這個情境並不使人無聊。但是，當歷史進展到農業時代，生活開始變得索然無味，當然，這並不包括貴族在內，他們仍處在狩獵階段中，而且至今依然。我們已經聽過很多人抱怨照料機器這份工作的枯燥單調，但我想，舊式農耕作業的無趣程度應該有過之而無不及。實際上，與大多數慈善家的主張相反，我認爲，機械時代已經大幅降低了這個世界的無聊程度。就薪資勞工而言，上班時間並不孤單，而到了晚上，則有形形色色的娛樂活動可供消磨時間，這在老派鄉村地區並不可能發生。再以低階中產階級的生活變遷爲例說明。從前，在晚餐過後，當妻子與女兒收拾完了碗盤，所有家人便會閒坐一圈，一起共度所謂的「幸福家庭時光」。也就是說，一家之主會上床睡覺，他的妻子做起編織，而女兒們則希望能一死了之，或身在廷巴克圖（Timbuktu）。她們不被允許閱讀或離開房間，因爲理論上來說，父親會在這段時間裡與她們談話，而這對所有成員而言都該是件有趣的事。幸運的話，她們終將嫁爲人妻，卻很可能把自己所承受過的鬱悶青春，再加諸於她們的子女身上。要是運氣不好，她們就日漸成爲老處女，或許最後變成墮落的貴婦人——這種命運，如同部落社會早期的男人使他的受害者所遭受的境遇一樣可怖。在評估距今百年的人類生活時，應該牢記這一切無聊厭煩的沉重壓力；而如果再繼續回溯到更早以前的年代，生活無聊的程度只會更加嚴重。想一想中世紀鄉村在冬天時的單調乏味，便可知一二。當時的人們沒有讀寫能力，入夜後僅有燭光照明，取暖用的火爐冒出的煙瀰漫在唯一的房間中，減緩了迫人的寒氣。道路完全無法通行，以至於人們幾乎見不到來自其他村子的人。在這種日子裡，唯一能讓冬夜恢復生氣的活動——搜捕女巫並加以迫害——究其成因，無聊厭煩必定是其中之一。

比起我們的祖先，我們比較不會感到無聊，但是我們卻更害怕無聊。我們已經了解，或寧願相信，無聊厭煩並非人類天生命數的一部分，它能夠經由主動賣力地追求興奮的活動來加以避免。今日的女性自己賺錢謀生的一大原因，即在如此一來她們就能在夜間去尋找刺激的事物，以逃避祖母一輩不得不忍受的「幸福家庭時光」。每個無論能否住在城區裡的人都擁有汽車，或至少有輛摩托車，可以載著他們前往電影院。想當然爾，他們的家裡也都有收音機。年輕男女若要相見，困難度遠比從前爲低；每位女傭都能期待每週至少會有一次興致高昂的機會，而那樣的機會可能會讓珍·奧斯汀（Jane Austen）的女主角花上一整部小說的時間殷殷期盼。當我們的社會地位向上攀升，追逐刺激的行動也會愈發熱切。凡是對玩樂手頭寬裕的人，會不斷易地換場，他們跳舞狂歡、飲酒作樂，不過，出於某些理由，卻總是期待新場子可以讓人更加激奮。那些必須掙錢餬口的人，必然會在上班時間中面對理該承受的厭煩，但是財力足以讓自己無須工作的人，則把全然擺脫無聊的生活視作理想。這是一個崇高的理想，我絕不會想要貶低它，但是，如同其他的理想一樣，它恐怕比理想主義者所以爲的要更難達成。畢竟，對比於夜間的開心有趣，隔天早晨顯然讓人滿心無聊。人生會有中年，也很可能會有晚年。人們在二十歲時以爲，生命將在三十歲畫下句點。我現在五十八歲，不再能採取這樣的觀點。或許，耗盡一個人的生命資本，如同耗盡財力資本一般，同屬愚蠢行徑。或許，某些無聊乏味的成分，是人生必然的構成要素。逃離無聊的願望實屬理所當然；確實，只要有機會，所有人都會展現這個渴望。當未開化的部落民族第一次從白人那兒品嚐到烈酒的滋味，他們終於找到了方法逃離由來已久的百無聊賴，而除非政府干預，他們將會縱酒暢飲到不醒人事。戰爭、大屠殺與迫害，全都有逃離無聊乏味的因素在內；甚至與鄰居口角也勝過無事可做。因此，無聊對於道德家而言是個重大問題，因爲人類至少有一半的罪過皆起因於害怕無聊鬱悶。

然而，無聊並不該被全然視作弊害。無聊厭煩有兩種，一種被視爲具有生產性，另一種則徒勞無功。之所以會有具生產性的無聊，是因爲當事人沒有吸毒嗑藥；而那種徒勞無功的無聊，則來自於缺乏有意義的活動。我並非意謂，無論在怎樣的人生中，所謂的毒品都沒有正面效果。比如在某些情況下，明智的醫生會開出鴉片劑的處方，而我以爲這種情況會比主張禁絕者所認爲的要更爲常見。但是，對毒品的渴望，肯定不能交由當事人未經束縛的本能衝動去擺布。對於習慣嗑藥的人，在毒品被剝奪後所經驗到的那種無聊厭倦，除了時間，沒有其他任何治療改善的辦法。在某個範圍內，用於對付毒品的做法，也適用於每一種刺激活動。充滿太多興奮活動的生活會令人身心俱疲，因爲將不斷需要更強的刺激，才能帶來那已被視爲是愉悅之根本因子的震顫感受。慣於過度激奮的人，如同一個對胡椒有著病態渴望的人；對於能使所有人嗆到的胡椒分量，他甚至無法嚐出任何味道。避免過度興奮，也與忍受無聊密切相關；過度興奮不僅損害健康，也會使對於各種樂趣的感受力變得遲鈍，以至於，用生理酥痲反應替代深度且天然的滿足，用小聰明替代智慧，用突兀的驚奇替代美感。我並不想把反對刺激活動的觀點推至極端。一定分量的興奮，對健康有益，但是，如同其他幾乎所有的事物一般，重點皆在對於量的控制：太少，可能導致病態的渴求；太多，又會讓人精疲力竭。因此，能夠忍受無聊，是幸福人生的關鍵要素，也是應該教導年輕人了解的生活要點之一。

所有非凡的著作均包含有枯燥的段落，而所有卓絕的人生，也都含括著無趣的時期。讓我們設想，當《舊約聖經》的原稿首次出現在一名當代出版商眼前時的情況。不難想像他會對該書作出怎樣的評論，比如，就有關系譜的章節而言。「敬愛的先生，」他也許會這麼說：「這一章的寫法欠缺活力；您不能期待讀者會對一連串的人名產生興趣，尤其您對這些人物幾乎沒有加以介紹。我承認，故事開端的文筆細膩，我一開始極具好感、印象非常深刻，但是您太想一次就說盡所有來龍去脈。請仔細地去蕪存菁，而且把故事剪裁至合理的長度，然後再把您的手稿送來給我。」這名出版商深知現代讀者害怕無聊厭煩，所以會給出這些意見。他可能也會對儒家經典、《古蘭經》、馬克思的《資本論》與所有其他業已證明經久暢銷的崇高著作，說出同樣的評語。而這種情況也並非僅限於偉大的經典而已。所有出類拔萃的小說也都包含著讓人呵欠連連的過段。一本從頭到尾字字珠璣、瑩瑩發光的小說，非常肯定不會是件偉大的作品。大部分偉人的人生同樣如出一轍，只會在幾個重要的時刻發光發熱。蘇格拉底可能偶爾享受宴飲之歡，當他喝下的毒芹汁開始發作時，必定也從侃侃而談中獲得很大的滿足，然而，在他一生中大部分的時間裡，都與妻子贊西佩（Xanthippe）過著安詳的日子；每日午後規律地散步，或許順道拜訪幾個友人。康德（Immanuel Kant）據說一輩子都未去過離柯尼斯堡（Königsberg）超過十英里的地方。達爾文在環遊世界過後，餘生都在自己的房子裡度過。馬克思在掀起幾場革命後，決定只在大英博物館消磨他的晚年。大體上我們可以發現，寧靜的生活是偉大人物的特徵，而且，他們所享受的愉悅，在外人眼中，都不是那種看起來令人振奮的快樂。沒有堅持不懈地埋頭苦幹，就不可能擁有傲人的成就，而這樣的生活，是如此要求心神專注，如此艱難刻苦，以至於將不再剩下多少能量，可以因應比較耗費心力的娛樂活動——除了那些在假期之間爲恢復體力所進行的項目以外，比如登山就是一個好例子。

能夠去忍受或多或少單調的生活，這是幼年時期就應該習得的技能。現代父母在這一點上受到很大的責難；他們提供子女太多消極性的娛樂活動，比如觀看表演或品嚐美食；他們並不理解，一天神似一天的生活對兒童的重要性——當然，若干少數時機除外。一般來說，童年時期的快樂，孩子應該可以自己藉由某些努力與創意，去從生活環境中設法獲得。那種一方面令人興奮，但同時間無須花費體力就能獲得的樂趣，比如去劇院看表演，應該偶一爲之爲宜。讓人興奮的事物在本質上如同毒品，需求的劑量只會愈來愈多，而在心蕩神馳期間，身體處於消極狀態，這也與人的本能反應相反。兒童如同幼苗，唯有在相同的土地上不受干擾地長大，才能獲致最佳發展。太多旅遊、太多目不暇給的印象，對年幼孩子並不好，這會導致他們在長大以後變得無法忍受具有生產性的單調時光。我並非意謂，呆板單調本身自有價值；我只是指出，除非存在有某個程度的單調無聊，不然某些美好事物將無法發生。比如，以華茲渥斯（William Wordsworth）的長詩《序曲》（*The Prelude*）為例來說好了。對每個讀者而言，顯而易見的是，無論華茲渥斯的思想與感受有怎樣的價值，皆無法觸動複雜世故的都市年輕人。心中懷抱積極嚴肅目標的男孩或年輕男性，會主動忍受無處不在的無聊煩悶，假使他發現理當如此。但是，如果男孩過著娛樂不斷、隨心所欲的日子，就很難自動形成積極目標，因為，在這種情況下，他的思緒始終會被導向下一個享樂標的，而非遙不可及的成就。基於這些理由，新的世代如果無法忍受無聊生活，將會產生一整代庸庸碌碌的人，他們不當地脫離了大自然的緩慢進程，每一種朝氣蓬勃的衝勁因而都將漸漸衰弱乾枯，正如插在瓶子裡的切花。

我不喜歡神秘兮兮的遣詞用字，但是，我幾乎不知道如何不使用聽來詩意而不客觀的句子，來表達我以下的主張。無論是否喜歡如此的看法，我們每個人都是大地的造物；我們的人生是大地生命的一部分，我們從它汲取所需的養分，如動植物一般。大地的生命韻律緩慢有致，秋冬與春夏對它都同等重要，休養與運轉亦然。就兒童而言，始終與大地生命的起落盛衰保有某個程度的接觸，甚至遠遠比對成人來說還更爲緊要。人體經由年紀的增長，適應了這個變化韻律，宗教則在某個層面具體地表現出來，比如復活節即是一例。我曾經見過一名一直住在倫敦的兩歲男孩，生平第一次被帶出門去綠色鄉間散步的情景。時值冬季，到處泥濘潮濕。在成人眼中，這番景色毫無任何值得興高采烈之處，但是男孩卻迸發出乎意料之外的狂喜；他跪在潮濕的泥土上，把臉湊近草地，講話尚不清楚的他，發出雀躍的歡呼。他所經歷到的喜悅，是如此原始、單純、巨大。得到這種滿足的天然需求是如此強烈，以至於，凡是缺乏了它的人，在心智上很少完整健全。許多帶來樂趣的活動——比如，賭博就是個好例子——本身並不包含任何這種與大地接觸的元素。而如此的樂趣，一旦結束，就會讓人感到無精打彩與失望不滿，一顆心仍渴望著連自己都不清楚的某種東西。這樣的享樂不會帶來任何足以稱之爲喜悅的情緒。然而，那種會帶給我們與大地生命有所接觸的活動，其中就含有讓人心滿意足的成分；而當這樣的樂趣結束時，它所帶來的幸福感仍會持續下來，雖然在強度上，可能會比那些更爲刺激的歡鬧活動來得低。我對這個差異的辨別，含括從最簡單至最複雜的一切令人開心的消遣活動。我稍早提及的那名兩歲男孩，展現了與大地生命合而爲一最原始的可能形式。而更高級的形式則可以在閱讀詩文中體驗到。莎士比亞的詩歌作品之所以登峰造極，正是因爲其中洋溢著驅使那名兩歲男孩親炙草地的同樣歡愉。讀讀莎氏的〈請聽雲雀〉（'Hark, hark! the lark'），或〈來到這片黃沙灘〉（'Come unto these yellow sands'），你將發現，這些詩文表達出令人心曠神怡的情感，而那正是說話含混不清的兩歲男孩發出歡呼時所傳達的情緒。或者，可以思考一下愛情與只有性吸引力兩者的差別。愛情是讓我們全身心煥然一新並恢復活力的經驗，如同花草在久旱過後迎來雨水的滋潤。而無愛的做愛，則絲毫並非如許體驗。當片刻的歡快結束，只剩下疲憊、厭惡與生命空洞的感受。愛情屬於大地生命的一部分，而無愛之性則一點也不。

◎

現代都市人所承受的那種特殊的無聊之感，緊密連結於他們脫離了大地生命的事實。它造成人們激動易怒、枯燥無味與乾渴難耐，如同行走在沙漠中的朝聖者。至於那些富裕有餘、得以選擇自己生活方式的人，他們所遭受的獨具一格、難以忍耐的無聊之感，說來有點弔詭，是來自於他們對無聊生活的恐懼。爲了逃離這種具生產性的無聊日子，他們反而深陷在另一種遠爲惡劣的無聊之中。大體上，幸福人生必定是寧靜安詳的日子，因爲，唯有在靜謐的氛圍中，眞正的喜悅才得以落地生根。

第五章　疲憊

疲憊有許多型態，其中幾種特別是幸福生活的絆腳石。純粹身體上的疲勞，如果沒有太嚴重，其實還算是促成人們快樂的因素，因爲，它可以讓人睡得沉、胃口好，並且對假期中安排的享樂活動充滿熱情。但是當呈現過勞狀態時，就會帶來災難。除了某些最先進的社會以外，鄉村婦女幾乎在三十歲時即會老態畢現，因爲過度辛苦勞動而風霜滿面。在工業發展的早期，兒童經常發育受阻，而且由於繁重勞動而早夭。同樣的情況也見於中國與日本，那兒的工業發展才剛起步；在某個程度上，美國南部各州亦然。超過某個限度以上的體力勞動是種酷刑，如果經常如此，將使人生不如死。然而，在當代大部分先進國家中，由於工業生產條件的改善，已經大幅降低了體力上的疲勞狀況。在今日的先進社會中最嚴重的疲倦問題，是神經質的疲憊。說來奇怪，大部分抱怨這種問題的人都出身富裕，而且，相較於商業人士與勞心工作者，薪資勞工遠遠較少遇上這種困擾。

想要逃離現代生活中的神經質疲憊，並非易事。首先，在整個上班時間，特別是在往返住家與工作地點的通勤路程間，都市上班族都暴露在噪音之中；確實，人們已經學會對大多數的噪音聽而不聞，但是卻依舊承受它的折磨，並且，爲了讓自己聽而不聞，因而動用了潛意識的力量，這將使噪音的影響更加雪上加霜。另一個我們不會意識到、卻也引發著疲憊感的問題，則是我們經常身處於有陌生人在場的環境。如同其他動物，人類在天生本能上也會探查其他陌生的同類，藉以決定對對方採取友善或敵意的行爲。但是，在尖峰時間搭乘地鐵的人卻會壓抑這個本能，結果造成他們產生一股針對所有陌生人而散發的普遍、具擴散性的怒意，因爲他們正被迫與陌生人進行非自願性的接觸。而且，行色匆匆爲了趕上早班列車，又會帶來消化不良的後遺症。抵達辦公室後，一天的工作於焉展開，但這些上班族早已神經緊張，難免會把所有人都視作禍害。而以同樣的心情來到公司的雇主，自然袖手不管員工的煩悶心態，更遑論解決它。害怕遭解雇的員工不得不對老闆畢恭畢敬，但如此不自然的行徑只會使神經更加緊繃。假使員工每週能有一次機會，被允許去拉拉雇主的鼻子，或是用其他方式對他表達心中的眞實想法，那麼，他們的神經緊張將可能獲得緩解；不過，這對同樣有自身煩惱的雇主來說，卻不會有任何的修復作用。員工害怕的是被解雇，而老闆害怕的是破產。確實，某些企業主的資產多到足以忽視破產的恐懼，但是，爲了達到這樣無懼的高等境界，一般上，他們不得不經過許多年的辛勤奮鬥，而在此期間，他們必須主動了解世界各地各種層面上的事件，並且不斷破解競爭對手所施加的陰謀。這一切，導致了當公司大獲成功、無懈可擊之時，企業主的性格已經變得緊張兮兮；他如此習慣於焦慮不安，以至於儘管引發焦慮的環境條件已成過去，他卻還是無法擺脫這個慣性。那麼，對於富人的兒子呢？富二代通常也會毫無阻礙地爲自己製造焦慮，這與他們如果不是出生在富貴人家時，所可能遭受的心理困擾，幾乎如出一轍。他們沉迷賭博，引發父親不滿；他們爲了玩樂而通宵達旦，導致健康受損；等到他們穩定下來，則已經無法享受幸福，一如他們的父輩。無論願不願意，無論出於自主選擇或是責任使然，大部分現代人都過著惶惶不安的生活，而且始終太過精疲力盡，以致無法不在酒精的幫助下享受片刻快樂。

◎

暫且不談這種愚蠢的富人，讓我們思考更爲常見的例子：亦即，那種爲了生計而勞碌奔忙的人們，他們所遭遇的疲憊感。大體上，這種情況所滋生的倦怠是由於憂慮所致，而憂慮能夠藉由良好的生活哲學，與些許的心理紀律來加以避免。大多數人們對於思緒的控制能力，可說非常不足。我所意指的是，人們有時無法停止思索令人發愁的念頭，尤其是當他們找不出任何具體的因應行動之時。男人帶著他們的事業焦慮上床睡覺，這段夜間睡眠本該用來恢復體力以因應明日的麻煩，他們卻在腦子裡反覆揣想著此時仍束手無策的難題；他們思索這些問題的方式，並非苦思隔日可以進行的妥當事業管理程序，而是表現出失眠症患者會有的思緒困擾症狀，他們無法使紛亂打轉的念頭停下來。午夜時的心神是如此紊亂，當他們早上醒來後，某些念頭仍舊會纏繞不去，使他們的判斷力變得遲鈍、情緒變差，並且使他們所面臨的每個阻礙都更加惱人。明智的人唯有在抱持具體目的時，才會絞盡腦汁省思自身的難題；而在其他時間，他會思考其他的事情，如果已經夜深，他就什麼也不想。我並非暗示，當處於巨大的危機之中，比如，破產迫在眉睫，或男人有理由懷疑妻子欺騙了他時，我們還可能在這種無計可施的當頭，對難題心如止水——除非是某些心理紀律已修練至非凡境界的人。但我們卻相當可能可以把普通日子裡的普通難題擋在門外，除非不得不處理，才去面對。當我們培養了紀律嚴明的心理習慣，將會驚嘆於它在增長生活快樂與工作效率上的能力，亦即，我們要養成在正確的時機去進行妥當思考的習慣，而非隨時隨地都在胡思亂想。在不得不對一個棘手或擔憂的問題下決定之際，只要所有的資料已經完備，那麼你就為這件事進行全盤思考，然後作出你的決定；而下了決定之後，就不要再去更改或修正，除非你又獲知了新的訊息。沒有什麼比起遲疑不決更讓人精疲力竭，而且也更徒勞無益。

◎

大多數的憂慮，只要頓悟引發焦慮之事根本不值一提後，就可能獲得緩解。我年輕時做過非常多次公開演講；一開始，每個聽眾都使我害怕，而提心吊膽的心情則讓我表現差勁；我如此畏懼這樣痛苦的考驗，以至於每次上台前，我總是希望自己摔斷腿，而在演講結束後，又因爲神經緊繃太久而心力交瘁。後來，我慢慢教導自己表現好壞並不重要；我講得再好再壞，宇宙依舊存在，不會有任何改變。我發現，愈不在意演講表現的好壞，我愈不容易表現失常，而神經緊繃的情緒也逐漸放鬆至毫無所覺的程度。大部分的神經質疲憊問題，也能運用這個方法來解決。我們的所作所爲並不像我們原本以爲的那麼重要；我們的成功與失敗畢竟並非世界大事。我們甚至可以熬過撕心裂肺的傷痛；而那些似乎要把幸福從我們的人生中一筆勾消的困局，隨著時間流逝，衝擊也會逐漸淡化下來，直至幾乎無法憶起當初的強烈力道。能夠去超越這些以個人自我爲中心的思考方式，正顯示出個人小我並非這個世界動見觀瞻的成分。能夠將自己的思緒與希望集中在某些超越自我的事物上，這樣的人就能在生活的尋常困難中覓得某種平和與安詳，而這是以自我為中心的人絕對達不到的境界。

可以稱之為神經過敏保健法的研究，鮮少受到重視。確實，工業心理學進行了許多探討疲憊的精細研究，它藉由謹慎收集的統計數據，證明了只要你持續工作足夠長的時間，最終將會相當疲倦——這個結果，也許不用賣弄太多科學知識就能猜測得到。行為學家對疲憊研究的主要關心點在肌肉疲勞，儘管也有相當數量的論文談及學齡兒童的疲倦情況。然而，這些研究皆未觸及最關鍵的難題。在現代生活中，最應該予以正視的疲憊類型，始終是情感性的；純粹勞心上的疲倦，如同純粹的肌肉疲勞，只要經由睡眠就可獲得改善。從事大量不含情感成分的勞心工作的人——比如，進行精密的計算機作業——在每一天結束時，就可以將當日累積的疲憊感，透過睡眠來消除。被歸諸於過度工作所造成的種種傷害，它的成因幾乎不會是單純的過度勞動，而是因為某種擔憂或焦慮使然。情感性疲憊所造成的困擾是，它會干擾休息狀態。一個人只要變得更疲憊，就更加無法使疲憊感消失。瀕臨神經崩潰的症狀之一，是當事人感到自己的工作如此重要，以致一旦休假便將引發不可收拾的災難。假如我是醫生，我會開出「去度假」的處方箋，給每一個認爲自己的工作重要無比的患者。所有我個人迄今所知的案例盡皆顯示，那些表面上似乎是由工作所造成的神經崩潰，事實上皆起因自某些情感性困擾，而患者本人嘗試藉由工作來逃離它。他不願意放棄工作，因爲要是如此，將不再有任何方法得以轉移他對於自身厄運纏身的念頭——無論這意指爲何。當然，問題也可能是對破產的恐懼，那麼，他的工作就直接相關於他的憂慮，但是即便如此，憂慮也可能導致他的工作時間過長，以至判斷力變得遲鈍，造成破產出現的時間比他選擇不工作還更快到來。無論哪一種狀況，造成神經崩潰的都恰恰是情感性的困擾，而非工作本身。

◎

憂慮的心理機轉，絕非一門簡單的知識。我已經談過心理紀律的論點，亦即，養成在正確時間去進行思考的習慣。這個習慣有其重要性，首先是因爲，它能讓人比較不會胡思亂想，以安度一整天的工作；其次因爲它能治療失眠；而第三個原因，則是它能增進作決定時的效率與智慧。但是，這種方法並未觸及潛意識或無意識；當個人遭遇重大問題時，其實，沒有什麼應對辦法可以產生太大效益，除非這個辦法能夠穿透意識層，才能奏效。心理學家就無意識對意識的影響，進行了大量的研究，但是卻鮮少探討意識對無意識所能施加的作用。然而，後者對於心理衛生論題卻至爲關鍵；

假使想讓理性信念在無意識領域發揮作用，那麼，就必須充分了解意識影響無意識的過程。而如此的知識，特別可以應用於處理憂慮的問題。我們很容易就可以告訴自己，這樣或那樣的厄運即便眞的發生，也不會有多嚇人，但是，如果我們只是在意識層面上相信這個說法，那麼在失眠的夜裡就不會有效，也沒辦法防止夢魘的出現。我相信，一個處於意識面上的想法，是可以被植入無意識之中的，只要我們對這則想法灌注了足夠的精神活力與強度即可。無意識中的大多數成分，都是由一度含有高度情感的意識想法所組成，只是現在被深埋在無意識之中。我們可以有意地去進行這個埋藏的過程，而透過這樣的程序，無意識就能被導引去進行許多有益的工作。比如我發覺，假如我必須寫一篇論題頗有難度的文章，那麼，最佳的寫作計畫就是全神貫注、殫精竭慮地去思考它——以我所能做到的最大強度——如此持續幾小時或幾天，然後在結束時，對自己說，工作現在轉往地下處理。經過了幾個月，我會有意識地再度回到那個論題上，然後就察覺到，工作已經大功告成。在我發現這項技巧之前，我經常會因爲好幾個月毫無進展而憂心忡忡；但我並沒有因爲擔憂而更快找到解決之道，反而這幾個月的時間就這麼浪費了；現在的我就會把這些時間運用在其他研究之上。在許多類似的方面上，也可以採用這個方法來應對焦慮。當擔心某種厄運來臨時，可以主動而嚴肅地去想像可能發生的最壞情況。在正視這個可能的不幸事件時，爲自己列舉出明智的理由，以讓自己相信，那終究並非是如此糟糕的災難。如此的理由所在多有，因爲，即便在最糟的情況下，我們所遭遇的任何壞事也不會眞的具有無可比擬的嚴重性。當你耗費一段時間持續琢磨最壞的可能結果，並且以確信的態度對自己說：「嗯，那畢竟沒有這麼嚴重」以後，你將發現，你已經大幅降低了自己的憂慮程度。我們可能需要重複幾次去練習這個過程，但在最後，當你面對著最壞的可能情況時，如果沒有規避退縮，你將會發覺自己的憂慮已經一掃而空，被一種輕鬆快活的情緒取而代之。

◎

這項技巧屬於被廣泛用於防範恐懼的方法之一。憂慮是恐懼的一種形式，而恐懼的各種形式，皆會導致疲憊的發生。已經學會不去感受恐懼的人，會發現日常生活中的疲憊感隨之大幅減少。當我們不願面對某些危險，就會從中滋生恐懼，而且出之以最具傷害性的形式。在空閒無事的時刻，可怕的念頭會突然攫住我們的心思；這些念頭的內容，取決於個人本身，而幾乎每個人都會懷有某種潛伏的恐懼。有人害怕癌症；有人害怕破產；有人擔心某些可恥的秘密曝光；有人懷疑自己遭他人嫉妒，因而備受折磨；有人夜間老是左思右想，生怕小時候聽過的地獄之火故事並非子虛烏有。這些人大概都使用了錯誤的方法來應對恐懼；無論何時，當恐懼浮上心頭，他們都努力叫自己去想其他的事情；他們藉由娛樂、工作或其他類似的方式，來轉移自己的注意力。無論哪一種恐懼，只要當事人不去正視它，就會愈加惡化。努力轉開自己的思緒，是對自己別開眼去的可怖幽靈致敬；處理每一種恐懼最適宜的做法，是集中全副心神、平靜而理性地去思考它，直到你完全熟悉它為止。那麼，到了最後，熟悉感將會緩和它的可怖程度；當這一整個恐懼的念頭變得令人厭倦，我們的思緒也將離它遠去；但此時，我們是因為對這個主題失去了興趣，才因此不再固著其上，與先前那種故意不去想它的做法完全不同。當你察覺自己開始對某事憂慮，無論那是什麼事情，最佳的應對計畫始終是盡量一而再地去揣摩它、思索它，直到它駭人的魅力逐漸消失為止。

◎

關於面對恐懼的觀念問題，是現代道德的一大弊病。確實，人們期望男性具有血氣之勇，特別是在戰爭期間，卻不預期他們也擁有其他形式的勇氣；至於女性，人們則不期待她們表現出任何形式的勇敢行為。一名無畏的女人，如果想要傳統的男人喜歡她，就不得不隱藏這樣的特質。而一名除了面對身體上的危險外，在各方面均勇氣十足的男人，名聲卻會因此受到貶低。比如，對公共輿論漠不關心會被視為一種挑釁，公眾於是會盡其所能地懲罰這名膽敢藐視它權威的男人。所有這些現象均有悖常理。無論男性或女性所表現出的每一種形式的勇氣，皆應如同兵士的血氣之勇一般受到讚賞。年輕男性身上常見的勇武氣概，證明了勇氣可以在回應公共輿論的要求下產生。假使我們勇氣十足，那麼憂慮就會隨之降低，也會因此而較不容易倦怠，因為男人與女人目前所遭受的神經質疲憊，有很大的比例來自於意識或無意識層面上所承受的恐懼。

◎

一個更為常見的疲憊感成因，是對興奮與刺激活動的熱愛。如果一個人把空閒時間都用來睡覺，那麼他會健康無虞，但是上班期間的沉悶無聊，卻會使他感覺有需要在工作空檔進行享樂。問題是，那種最具可行性與表面上最具吸引力的娛樂活動，大部分都會造成神經疲勞。對興奮的渴望超過了某個限度，就顯示出人格發展扭曲或本能沒有獲得滿足的徵兆。在美滿婚姻的初期階段，大部分男人都不會有對興奮活動的需求。但是在現代社會中，結婚經常延宕多時，以至於，當最後在經濟條件上可能成婚之時，尋求興奮活動的行爲已經成爲一項習慣，短期內只能先壓抑住它。假使公共輿論允許男性在二十一歲時結婚，不用像現在這樣承受婚姻所需的財務負擔，那麼，許多男人絕對不會走上享樂一如工作般讓人疲憊的道路。然而，建議推行這樣的做法，卻會被認爲不合道德，因爲，從林賽法官（Judge Benjamin Barr Lindsey）的命運即可見一斑：儘管擁有值得尊敬的長期職業生涯，但他只因爲同情那些由於長輩的偏執而遭受不幸的年輕人，希望能夠解救他們脫離苦海，便因此而備受各界譴責。不過，我現在並不打算深究這個論題，它將在下一章〈嫉妒〉中予以探討。

◎

就個人來說，由於無法改變生活其間的法律與制度，於是很難擺脫嚴苛的道德家所打造的經久不變的社會風俗。然而，刺激性的享樂活動並非通往幸福之路，這個道理卻值得我們費心理解，儘管，只要更令人滿意的愉悅感依舊難以取得，人們就會持續相信除非藉助興奮活動，否則幾乎無法忍受無聊的生活。在如此的情況下，謹慎的人能夠採取的唯一做法是，了解定量分配的概念，不要讓自己去進行過量的、令人疲累的娛樂活動，以致損害健康或影響工作。對於年輕人所遭受的這些困擾，最激進的解決之道，是去改變公眾的道德觀。在此同時，年輕人務必好好反思，他們有朝一日終將成婚，假使他們過著將會使幸福婚姻成空的生活——亦即，經常性的神經緊張，以及無法享受溫和的娛樂活動——可謂極不明智。

神經質疲憊最嚴重的一個特點是，它的作用彷如阻隔在人與外在世界之間的一片屏幕。於是，我們所接收到的印象，可以說在色彩與聲音上都經過了弱化處理；除非被戲弄或被其他人的裝腔作勢所激怒，不然我們不會注意到別人的存在；無論是美食當前或做日光浴，我們都不會有任何愉悅感，而且漸漸變得過度緊張地關心少數幾個人事物，並對其餘一切無動於衷。這種狀態將使我們無法獲得休息，導致疲憊感持續增加，直至身心疲倦到需要使用藥物治療。在本質上，這種種是對我們失去了與大地生命的接觸所施加的懲罰——這在前一章已經論及。但是，如何在今日人口密集的現代大城市中，讓人們持續保有這種接觸，可說是一個極爲困難的挑戰。我們在此再度觸及了重大的社會問題層面，但那已經超越了本書意欲討論的範疇。

第六章　嫉妒

在引發人們煩悶不悅的成因中，嫉妒是其中一項強而有力的因素，大概僅次於憂慮。嫉妒可說是人類最普世皆然、最深植心中的情感之一。孩童在一歲之前，嫉妒的表現就非常明顯；每一名教育者都必須秉持最體貼的尊敬態度來對待這種情緒。不顧其他小孩而去偏愛其中一個，即便表現輕微之至，也會立刻被察覺、被怨懟。分配上的公平性，講求絕對、嚴格與不變，每一位面對孩童的人皆必須徹底遵守這些規則。比起成人來說，孩童在表達嫉妒與妒恨（嫉妒的特殊形式）的情緒時，僅稍稍較為公開一些。這種情緒在成人與兒童間皆同樣普遍可見。以女傭為例來說明好了：我記得我家有一名女傭，她已婚，後來懷孕了，我們於是叫她不該去提重物。結果，我們立刻發現，其他女傭也不再有人願意去提重物了。後來任何需要搬運的工作，我們只好自己來做。嫉妒，是民主的基礎。赫拉克利特（Heraclitus）斷言，艾菲索斯（Ephesus）的城民皆應被處以吊刑，因為他們說：「在我們之間不應有誰排在第一。」希臘城邦的民主運動，大抵幾乎全是由嫉妒這種情緒所啓迪而來。現代民主的發展亦然。確實，依照某種理想主義的理論，民主屬於最佳的治理形式。我認爲，這種理論的確眞實不欺。但是，在實務政治的領域中，理想主義的理論卻從未強大到足以引發巨大的變革；而當眞的發生如此的巨變，人們用來合理化改變的理論，一向只是某種對於激情的僞裝。賦予民主理論驅動力的激情，無疑就是嫉妒這種情感。我們只要讀讀羅蘭夫人（Madame Roland）的回憶錄即可充分了解；她經常被描述爲，儘管身爲一名貴族女性，卻受到對人民的熱愛的思想所啓發。你將發現，使她成爲一名熱烈的民主人士的原因是，她有一回去拜訪某個貴族的莊園，參觀了僕傭宿舍時所經歷的經驗。

在一般值得尊敬的女性之間，嫉妒所起的作用非比尋常地巨大。如果你搭乘地鐵，剛好有一名穿著體面的女人走過車廂，留意一下其他女人的眼神反應。你將見到，所有女人都帶著惡意的眼光盯著那名路過的女人，而且努力要做出貶損她的推論；可能只有比她還更爲精緻打扮的婦女除外。對醜聞的熱愛，是這種一般性惡意的表現之一；任何中傷另一名女人的蜚短流長總是會立刻被信以爲眞，即便證據薄弱亦然。而那些高尚的道德規範也適用於同樣的目的；凡是有機會違犯它的人會受到嫉妒，嫉妒因此被認爲是美德的表現，因爲它懲罰了那些有罪過的人。這種特殊形式的品德，確實就是對於嫉妒的獎賞。

然而，在男性之間也會觀察到同樣的現象，差異點在於，女性會把所有其他女人皆視爲競爭者，而男性通常只針對從事相同職業的其他男人，才會產生嫉妒的情緒。你曾經不夠謹愼地，在一名藝術家面前稱讚另一名藝術家嗎？你曾經在一名政治人物面前，讚揚與他同黨的另一名人士嗎？你曾經當著一名埃及學學者的面，讚美另一名埃及學學者嗎？如果你這麼做過，八成曾經引爆了妒恨的情緒。在萊布尼茲（Gottfried Wilhelm Leibniz）與惠更斯（Christiaan Huyghens）的通信中，有一些信件的內容哀嘆著牛頓已經精神失常的傳聞。「這不是很讓人難過嗎？」他們在給彼此的信中寫著：「牛頓先生無與倫比的天賦，卻很可能已經因爲理智喪失而無法再發光發熱？」在一封又一封的書信中，這兩位知名人士津津有味地流著鱷魚的眼淚。實際上，那件他們虛僞地哀嘆的傳聞並非事實，儘管牛頓是有一些古怪的行爲，才引發謠言四起。

在一般人性的所有特點中，嫉妒是最令人遺憾的一種；嫉妒的人不僅希望使別人遭致不幸（只要不會受罰，他便將付諸行動），也會讓自己因而快快不快。他沒有因爲自己所擁有的一切而感到快樂，反而因爲別人所擁有的一切而感到痛苦。假使可以，他會奪走別人的利益，形同可以因此保障自己相同的利益一樣。如果任令這種激情肆虐，那麼，個人的所有長處，甚至連正面地去運用自己的傑出技能這樣的事，都將毀於一旦。爲什麼醫生應該乘車去看他的病人，而勞工卻必須走路上工？爲什麼科學家應該待在溫暖的室內做研究，其他人卻必須面對嚴風寒雨？爲什麼全球舉足輕重的罕見奇才，不用去做單調乏味的家事工作？對於這些問題，嫉妒無法找到任何解答。然而，幸運的是，在人類天性中存在有一種彌補性的情感，亦即「讚賞他人」的情感。凡是希望增進人類幸福的人，都必定希望增加讚賞的比重並減少嫉妒的傷害。

◎

面對嫉妒，有何對策？聖人提出的解方是培養無私的精神，儘管，甚至在聖人之中，嫉妒其他聖人的情況也並非絕無可能。聖西默盎（St. Simeon Stylites）假如得知有其他某個聖人站在一根更窄仄的石柱上，並且停留了更久的時間，他是否會全然感到欣喜，我對此深表懷疑。不過，暫且不論聖人，就一般的男性女性而言，嫉妒的唯一療方是提升幸福感，而困難之處則在於，通往幸福之途的重大阻礙正是嫉妒本身。我認爲，嫉妒的成因，絕大部分來自於童年的不幸經驗。當孩童發現比他年長的哥哥或姊姊受到偏愛時，他就養成了善妒的習慣，而當他走入家人以外的世界後，便會特別注意自己成爲受害者的那些不公平事例，只要有任何蛛絲馬跡，他會立刻偵測到，而如果沒有，他也會自行捏造。如此的人無可避免會悶悶不樂，變成朋友間的頭痛人物，因爲友人們始終無法牢記，應該避免做出哪些會被他以爲是在輕視他的行爲。由於從一開始他就認爲沒有人喜歡他，於是他最後會藉由自己的言行舉止來證明如此的想法千眞萬確。另一個會導致相同後果的童年不幸經驗是，父母對孩子的關愛不足。孩童雖然沒有來自被過度偏愛的手足所造成的困擾，但他卻可能感覺，其他家庭的小孩比較受到他們父母的疼愛，而他在自己的家裡卻並非如此。這會使他討厭其他的孩童與自己的父母，而在長大以後，他會覺得自己步上了以實瑪利（Ishmael）的命運。每個人與生俱來都享有某種幸福的權利，如果這種幸福遭受剝奪，個性幾乎必然會受到扭曲，並導致滿心憤懣的後果。

不過，習慣嫉妒的人可能會說：「說什麼幸福是嫉妒的療方，這對我有何用處？當我一直懷有妒意，就沒辦法找到快樂，你卻說直到我尋得幸福，才能夠停止嫉妒？」眞實人生從來不會如同這樣的陳述那般，具有清楚明白的邏輯。只要能去理解一個人的妒意成因，就已對矯正嫉妒的目標邁出了一大步。喜歡與人進行比較的思維習慣，堪稱惡習。當遇上任何欣喜的事，應該就盡情享受它，而不要停下來思忖，它的喜悅程度或許並不如某個其他人所遇上的好事那樣讓人開心。愛嫉妒的人會說：「是的，今天陽光明媚，春天來了，鳥兒歡唱，百花盛開，不過我卻知道，西西里島的春天美上千倍；赫利孔山樹林間的鳥啼聲更爲婉轉動聽；而莎倫玫瑰（Rose of Sharon）比我庭院裡的任何花兒都更嬌媚可愛。」當他的腦子裡轉著這些念頭，陽光頓時黯淡下來，鳥歌成了無意義的一連串啼聲，花兒似乎也不值得投以一瞥。這樣的人也會以同樣的方式，來看待人生中其他所有喜悅之事。他會對自己說：「是的，我心中愛慕的女士美麗可人，我愛她，她也愛我，但是，示巴女王必定更爲優雅迷人！啊，如果我能有所羅門的好運那該有多好！」所有如此的比較皆毫無意義，而且愚蠢至極；無論是示巴女王或隔壁鄰居所造成的不滿情緒，兩者皆同樣毫無益處可言。明智的人並不會因爲其他人擁有其他的事物，而因此無法對自己所擁有的一切享受喜悅之情。事實上，嫉妒是墮落的一種形式，部分是道德上的，部分是智慧上的；它看待事物的方式，從不關注事物本身，反而注重事物的關係。比如，我賺的薪水足夠生活所需，我應該爲此感到高興，但當我聽到某個我相信能力絕對不在我之上的人，薪水卻是我的兩倍，如果我是個有嫉妒心的人，那種原本源自我所擁有的一切而來的滿足感會瞬間遞減，並開始被不公平的感受所吞噬。對於這一切，適當的矯正法是培養心理紀律，養成不去思考無益念頭的習慣。畢竟，還有什麼比幸福更讓人羨慕？假使我能治癒嫉妒的惡習，我就能獲得快樂，並讓人豔羨。薪水是我的兩倍的人，大概也會因爲想到有人的薪水是他的兩倍而備受折磨，這情況會無限延伸。如果你渴望榮耀，便可能會嫉妒拿破崙。但拿破崙嫉妒凱撒（Julius Caesar），而凱撒嫉妒亞歷山大（Alexander the Great），至於亞歷山大嫉妒誰呢？我敢說是海克力斯（Hercules）——一個從未實際存在過的人。你無法僅僅依靠成功從而擺脫嫉妒心，因爲，在歷史或傳說中，總是有人比你更爲功成名就。想要甩開嫉妒的糾纏，可行的方法是去享受發生在你身上的喜悅之事，做你本分應該去做的工作，而且要避免去跟你以爲比你幸運的人——這很可能是相當大的誤解——進行比較。

◎

不必要的謙遜，與嫉妒息息相關。謙虛被視爲美德，但依我之見，我非常懷疑那種出之以極端形式的謙遜，是否眞的值得如此看待。謙虛的人極度需要安心，經常不敢嘗試他們的能力足以勝任的任務。謙虛的人相信，他們習慣上往來的人都優於自己。因此，他們特別容易浮現妒意，而由於善妒，也就經常感到煩悶不快，並對人懷有惡意。我以爲，對男孩的教養，我們必須關切於教導他相信自己是個資質優秀的人。我並不認爲孔雀會嫉妒其他同類的尾羽，因爲每隻孔雀皆深信牠自己就擁有世界上最華美的尾羽。而如此的自信，造就孔雀成爲愛好和平的鳥類。試想一下，假使牠被教導，對自己抱持正面觀點是惡劣的事，那麼孔雀的生活會變得多麼不快樂。每當牠看見其他孔雀開屏亮相時，就會對自己說：「我不應該以爲自己的尾巴比牠的漂亮，那樣太自命不凡了，但是，哦，我多麼希望自己是最俊美的！那隻可惡的蠢鳥卻自以爲是絕世美鳥！我應該跑去拔掉牠的一些羽毛嗎？如此一來，或許就不用再害怕跟牠比較了。」或許，牠會爲那隻鳥設下陷阱，以證明對方是一隻邪惡的孔雀，犯下了有違孔雀道德的行爲，並在領袖會議上嚴詞抨擊牠。牠會逐漸建立起一種原則：具有美輪美奐尾羽的孔雀幾乎都很邪惡，而孔雀王國的明智統治者，應該挑選身後僅拖著稀疏尾羽的謙虛鳥兒來作爲臣民。當這個原則被廣爲接納後，牠會設法處死所有擁有絕色鳥羽的孔雀，直到最後，對於燦爛奪目的開屏尾羽的印象，成爲一縷模糊的過往記憶。這是喬裝成道德規範的嫉妒所獲得的勝利。但是，在每一隻孔雀皆自認爲比任何同類更出色的地方，就不需要有這類的鎭壓出現。每隻孔雀都期待自己在競爭中雀屏中選，而由於牠們珍視自己的伴侶，所以也因此都相信自己已達成了目標。

◎

嫉妒，想當然爾，與競爭密切相關。對於我們無望企及的金山銀山，我們不會產生妒意。在社會階級固定不變的年代中，由於貧富劃分被視爲是上帝的旨意，位在最底層階級的人並不會嫉妒階級在他之上的人。乞丐不會嫉妒百萬富翁，不過，他們當然會嫉妒其他在乞討上表現優異的乞丐。現代世界中地位的不穩定性、民主思想與社會主義中的平等原則，皆大大地擴展了嫉妒出沒的範疇。就目前而言，這堪稱不幸，但這卻是一種必須忍受的不幸，以便我們將來可以提升至一個更爲公正的社會體系。一旦更爲理性地去思考不平等現象，除非這個現象是奠基於某些優越的價值之上，不然它就會被視爲不公正。而一旦它被視爲不公正，除非移除這種不公正，不然它所導致的嫉妒問題就無法解決。因此，在我們這個時代，嫉妒扮演了一個異常重要的角色。窮人嫉妒富人，窮國嫉妒富國，女人嫉妒男人，有德性的女人嫉妒那些一直沒受到懲罰的無德女人。雖然，嫉妒確實是促使不同階級、國家與性別之間通往公正之路的主要推動力，但在此同時，這種由嫉妒所促成的公正，確實也可能是最糟的結果；亦即，它比較著力在降低幸運者的快樂，而非增進不幸者的快樂。能在私人生活中造成極大混亂的情緒，同樣也會使公共生活嚴重脫序。我們不能假定，從如嫉妒心這般的污泥中，也能開出不受污染的花兒。因此，對於那些基於理想主義而渴望社會體系能有深刻變遷、社會正義能被徹底實現的人來說，他們必定會希望，導致這些變化發生的助力，不是來自嫉妒心，而是其他力量。

◎

所有惡事皆環環相扣，一件惡事可能導致另一件惡事的發生；更具體一點來說，疲憊經常是造成嫉妒感作祟的成因。當一個人對自己不得不進行的工作感到無法勝任，他會滋生出一種一般性的不滿情緒，而這種情緒非常有可能出之以嫉妒的形式，投向那些工作難度較低的人。因此，降低嫉妒感的方法之一，就是降低疲憊感。但最至爲關鍵的，仍是必須保證自己的生活能夠滿足本能上的需求。許多似乎純粹是職業上的嫉妒，其實都與性有關。婚姻快樂、對子女滿意的男人，只要他能賺到足夠的錢，能以他覺得正確的方式來養育子女，他就不太可能由於其他男人比較富有或成功，而對他們感到太多妒意。促使人類幸福的因素很單純，單純到世故的人無法使自己承認他們所欠缺的究竟爲何。關於我們曾在稍早提及的那些懷著妒意瞪視體面婦女的女人，我們或可確定的是，她們在本能生活上並不快樂。在英語系國家，罕見有人能享有本能上的幸福感，女性尤然。在這一點上，我們的文明似乎偏離了正軌。假使想要減少嫉妒心理，那麼找出改善這種心態的辦法就是當務之急，若是毫無對策，我們的文明就會因此陷入危機，在充斥的恨意中墮落毀滅。昔日，人們只會嫉妒鄰居，因爲他們對其他人幾乎一無所知。如今，經由教育與新聞媒體，人們以抽象的方式熟知大部分人類的生活，卻不認識他們當中的任何人。經由電影，人們以爲自己了解富人的生活；經由報紙，人們明白了許多其他國家民族的劣根性；經由政治宣傳，人們得知了所有與他們膚色不同之人的邪惡行徑。黃種人厭惡白人，白人厭惡黑人，不一而足。所有這些仇恨，可以說皆是由政治宣傳所挑起的，不過，這樣的解釋稍顯膚淺。比起引發善意，政治宣傳爲什麼在引發恨意上可以如此大獲成功？理由顯而易見，因爲現代文明所造就的人心，比較容易仇恨他人，而非與人爲善。人心之所以傾向仇恨，是因爲它不滿，是因爲它深深地感覺到——或許甚至是在無意識的層面上——它多少失去了生命的意義，並以爲，也許是其他人——而非我們自己——獲得了大自然提供給人類享受的美妙事物。現代人類生活所能享有的正面樂趣，無疑比較爲原始的社會中還多，但在意識上對於何謂快樂的認定標準，卻遠遠提高了更多。當你碰巧帶著孩子去動物園遊玩，如果類人猿剛好不在表演體操特技或撬開堅果，你可能會從牠們的眼神中，觀察到一種帶有緊張感的奇異哀傷。我們幾乎可以想像，牠們心中覺得自己應該要變成人類，卻無法發現變身的秘訣。在演化的道路上，牠們的表親穩定地向前進展，而牠們卻迷失了方向，於是被拋在後頭。某些相同的緊張與苦惱，似乎也進入了文明人的心靈之中。他明白有某些比自己更好的事物近在咫尺，卻不明瞭該從何處尋找，也不知道發現的方法。在絕望之中，他遷怒於他的同類，但其他人同樣心靈迷失而且鬱悶終日。我們目前所處的階段，並非是演化的最後一個階段。我們必須快速通過這個時期，因爲，假使我們做不到，大多數人都將在此中途滅絕，而剩下的其他人則會身陷疑惑與恐懼的迷宮之中。嫉妒儘管是個弊害，它所造成的後果也確實可怕，但卻並非全然無法對付。嫉妒在某個程度上是種英雄式痛苦的表達，是那種暗夜獨行的人所會承受的痛苦；他們盲目前行，也許會走到一處美好的休憩處，也或許只會走向毀滅與死亡。爲了從如此的絕望中覓得正確道路，文明人必須擴大自己的心胸，一如他已經擴大了自己的見識一般。他必須學會超越自我，如此一來，才能習得宇宙中自由精神的眞諦。

第七章　罪疚感

關於罪疚感，在第一章中我們已有機會談及一二，但現在我們必須全面細究，因爲在成人生活裡，它是在根本上造成鬱悶不快的心理因素中，最爲重要的因子之一。

現代的心理學家，沒有人會接受傳統宗教心理學對於罪惡的分析。後者這種心理學假定——這特別爲新教徒所認同——當一個人被引誘做出罪惡的行爲時，他會出現良心的掙扎，而在眞正做下如此行動後，則可能體驗到以下兩種痛苦情緒的其中之一：一種稱爲悔恨，但它毫無價値可言；另一種稱爲懺悔，它則可以將罪惡感掃除一空。在新教國家中，甚至許多已經放棄信仰的人，還依然在某段時間內接納著或大或小修正過的正統罪惡觀點。部分由於精神分析的發展，在我們這個時代，事態已經有了全然相反的轉變：不僅非正統的人拒絕接受舊有的罪惡觀教條，許多依然自認爲正統的人也同樣棄之如敝屣。良心已經不再是某種神秘事物；良心在過去正因爲故作神秘，才會被視爲上帝的聲音。我們知道，良心在世界不同地區會下達不同的行動指令，大體而言，它在每個地方的表現，都與當地的部落風俗協同一致。那麼，當一個人的良心使他產生內疚時，究竟發生了什麼事？

「良心」這個詞，實際上涵蓋了幾種不同的情感；最單純的一種是，擔心東窗事發的恐懼。我相信作爲讀者的你，過著全然無可指責的日子，但是如果你去詢問某個人，他曾在某個時間點做了假使被發現就會受到懲罰的行爲，那麼，你將發現，當事跡敗露的危險似乎迫在眉睫，他便會對自己犯下的過錯後悔不已。我並非意謂，這適用於慣竊身上；他們把入獄關上幾年視爲職業風險。但它適用於可以稱之爲體面的違犯者，比如在某種壓力下侵佔公款的銀行經理，或是受到激情誘惑而做出不當性行爲的神職人員。只要罪行被察覺的機率很低，這樣的人便能忘記自己的犯行，但是當被識破，或處在將被識破的危險當中時，他們就會希望自己當初能有更高的道德標準，而如此的願望將使他們對自己的罪惡，產生一種類似滔天大罪般的強烈感受。與這種情緒緊密連結的，是被逐出原本所屬社群的恐懼。一個打牌作弊或無法償還以榮譽擔保的債務的人，在被發現過錯時，面對來自社群的責備，他們可說百口莫辯。在此，這樣的人與宗教改革家、無政府主義者、革命分子等人皆不相同；後面這些人士全都會認爲，無論他們此時的命運爲何，未來都將站在他們這一方，並且相信他們屆時所收到的各界敬意，將與他們現在受到的咒罵一樣多。這些人士雖然備受社群敵視，卻不會覺得自己有罪，但是那個完全認同社群道德觀的人，同樣做出了抵觸它的行爲，卻會因爲失去社會地位而飽受苦惱煩悶的折磨，而且，在事件發生後，這場災難所滋生的恐懼或痛苦，也可能輕易讓他將自己的行爲視爲罪孽深重。

◎ 然而，當罪疚感出之以最嚴重的形式時，它卻成爲某種更加深沉的感受。這種感受植根於無意識之中；對於來自他人責備的恐懼，此時並不會出現在意識層面上。有一些在意識層面上被標示爲罪惡的行爲，本身並沒有明顯的理由足以引人進行反思。當某個人做出這樣的行爲時，他會感到不自在，但卻不明白原因爲何。他會希望自己可以戒除這些他相信是罪惡的行爲。他只會針對那些他相信是內心純淨無暇的人，去讚揚他們道德高尚。他帶著或多或少的遺憾承認自己並非聖人；確實，他對成爲聖人的看法，大概不太可能在日常生活中實踐出來。結果，他便帶著罪惡感過日子，覺得自己與至善無緣，而他的德行表現最動人的時刻，只會出現在酒後悔恨交加的傷感之中。

◎ 在幾乎每一個個案中，一切的根源都存在於道德教育；亦即，一個人在六歲之前，於母親或保母膝下所接受的教導。他在這個年紀之前就學會了，講髒話是不對的；除了講淑女會用的語言，其他語言都不算好。他也知道了，只有壞人才喝酒，而吸菸則與崇高道德並不相容。他也習得了，一個人絕不應該說謊；尤其，他也了解到，任何對性器官的興趣，都會惹人厭惡。他知道這些都是母親的看法，並且深信它們也是造物主的觀點。來自母親——如果她疏於照顧子女，就會來自保母——的深切愛意，是他生命中最大的愉悅泉源，而且只有在他沒有犯下任何違反道德準則的罪過時，才能夠獲得如是的快樂。他因此而把某些隱隱約約的可怕感覺，與母親、保母所不贊同的行爲連接了起來。當他漸漸長大，雖然已經遺忘了這些道德準則來自何處，以及在最初違犯它時曾遭受到何種處罰，但是，他並沒有拋開這些道德準則，也沒有停止相信只要觸犯了它，就會有某種可怕的事情降臨在自己身上。

大部分這些嬰兒時期的道德教育，都欠缺理性基礎，無法適用於一般人的普遍行爲。比如，從理性的觀點來看，一個講話粗俗的人，絕不會比講話優雅的人糟糕。然而，每一個努力想像成聖之道的人，卻幾乎都認爲不吐髒字是首要之務。從理性角度加以考量的話，這種想法可說十分愚蠢。如此的批評也適用在對喝酒與吸菸的成見。有關喝酒這件事，南方國家並不存在這種偏見，而抱持這種偏見則確實含有若干不敬，因爲眾所周知，耶穌與祂的門徒都飲酒。而對於吸菸來說，人們就比較容易維持原本的反對立場，因爲，所有最偉大的聖人都活在菸草廣爲使用之前。但在此，同樣無法進行理性論辯。歸根究底，沒有聖人會吸菸的這種觀點，奠基於聖人的行事原則與享樂無涉。一般道德規範中的禁慾成分，幾乎都進入了無意識層面中，而它展開運作的種種方式，在在造成了我們的道德準則偏離理性。在某種理性的道德中，給予任何人快樂，甚至給予自己快樂，只要沒有隨之而生的痛苦加諸於自己或他人，皆被視作值得讚美的行爲。假使我們擺脫禁慾主義，理想上，一個具有美德的人就會是個容許自己享受所有美好事物的人，只要享樂不會帶來任何有害後果即可。再以說謊的問題爲例。我並不否認，這個世界充斥太多謊言，如果人人誠實不欺，每個人都將受益匪淺；但我確實不認爲，說謊在任何情況下皆無成立理由——我想，每個理性的人必然都將同意我的看法。有一回在鄉間散步途中，我看見一隻已經精疲力竭到了無以復加的狐狸，但牠還是逼迫自己往前跑。幾分鐘之後，幾名獵人出現在我的眼前。他們問我是否看見一隻狐狸跑過去，我回答說有。他們繼續問我狐狸往哪個方向跑走，我說了謊。我並不認爲，如果我指出正確方向，就會是個品德更高尚的人。

不過，在有關性的問題上，早年接受的道德教育所造成的傷害最大。如果孩童接受傳統式教導，他的父母或保母又多少有點嚴厲的話，那麼，在六歲之前，他就會穩固地建立起性器官與罪惡的連結，以至於在往後的一生中，都不可能完全解除如此的印記。如此的情感當然會被戀母情結所加強，因爲童年時最受愛戀的女人，正是一切性自由被禁止的對象。如此的發展，導致成年男人認爲女性會被性關係給降低價值，因此無法尊敬妻子，除非妻子本身就厭惡做愛。但是妻子冷感的男人會受到本能驅動，去其他地方尋求性滿足。然而，即便他偶一爲之，他滿足本能的活動也會受到罪惡感的毒害，以至於，他無法與無論是來自婚姻內或婚姻外的女性，營造幸福的情感關係。就女性這一方而言，假使她被徹底灌輸應成爲所謂貞潔女人的觀念，那麼後果同樣如出一轍。她在與丈夫的性關係中會本能地壓抑自己，害怕從性交中產生任何的歡愉。不過，比起五十年前，今日女性如此的情況已經大幅減少。應當指出，目前在受教育的人們當中，男性的性生活比起女性來說，更容易受到罪疚感的扭曲與侵害。

針對幼童傳統性教育上的弊害，如今已經開始引起各界注意，儘管想當然爾並不包含政府當局在內。正確的規則簡單明瞭：直到孩童接近青春期之時，才教導他或她有關性道德的種種，小心避免灌輸在天生的身體功能上有任何讓人反感的成分這樣的觀念。當需要實施道德教誨的時期來臨，要確信自己的陳述合於理性，而且，在每一個論點上，你都能就所說的內容給出充分的理由。不過，本書並非意在討論教育問題。我在此比較關心，由不明智教育所引發的不理性的罪疚感，成人該如何將它的弊害降到最低。

在此所遭遇的難題與前幾章雷同，亦即，如何迫使無意識去重視那些決定了我們意識思維的理性信念。人們不能任由自己被變動的心情所左右，不能在不同時間就相信不同的事物。當理性意志受到疲憊、疾病、飲酒或任何其他原因的影響而變得薄弱時，罪疚感就會特別醒目。人們在這些時刻中（飲酒除外）所感受到的情緒，被假定是來自他的高層自我所顯現的內容。「魔鬼生了病，魔鬼也會變聖人。」去假定意志薄弱的時刻，比起意志堅強的時刻，會對人帶來更多的啓發，這根本毫無道理。在意志薄弱之時，人們會很難抗拒來自嬰兒時期的暗示，可是，我們毫無理由要去看待這些暗示，遠比可以全然掌控自己能力的成人所相信的信念，更爲可取。相反地，一個人在他活力充沛之時，以十足的理性所謹慎相信的事物，對他而言，應該成爲一種規範，是他在任何時候都最好該去相信的價值。只要運用正確的技巧，無論我們是想要克服來自無意識層面的嬰兒時期的暗示，或甚至去改變無意識的內容，都是相當可能達成之事。每當你對自己的一個行爲開始感到悔恨，但你的理性卻告訴你那並不邪惡，當此之際，你務必檢視你自責情緒的成因，並詳盡地說服自己其中所有的荒謬之處。要讓你意識上的信念充滿活躍與堅定的力量，讓這些信念足以對你的無意識烙下強烈的印記，用以對付那些你的保母或母親在你年幼時所施加的影響。不要滿足於自己時而理性、時而非理性這樣的交替起伏現象。務必秉持一種不去尊重非理性、不讓它支配你的決心，進而詳細探究非理性的內容。每次當非理性猛然拋擲了愚蠢的念頭或情緒到你的意識層面上時，要傾全力將這些雜訊連根拔起，去檢視它，然後抵制它。不要讓自己始終搖擺不定，一半被理性、一半則被嬰兒期的愚昧來回拉扯。對於那些控制著你的童年的人，不要害怕對有關他們的回憶感到不敬。對你而言，他們當初是因爲你的脆弱與愚蠢，而顯得意志堅強與聰明過人；不過現在的你既不脆弱亦不愚蠢，因此去檢驗他們表面上的堅決與智慧、去思考他們是否值得你因爲慣性而始終對他們抱持尊敬，就成爲了你的大事。嚴肅地追問自己，這個世界是否因爲那種傳統上施予幼童的道德教育，而變得更好？去深思，有多少純粹的迷信變成了傳統上有德之人的個性成分？並且去反省，當各種各樣虛構的道德危險被難以置信的愚蠢禁令所防範，而某些成人備受影響的眞正道德危機卻幾乎無人提及，這其間的道理何在？一般人會被引誘去犯下的、眞正具傷害性的行爲究竟爲何？商業界盛行的狡猾手段，並不會受到法律制裁；嚴厲對待員工、殘忍對待妻子與子女、惡意對待競爭對手，與政治衝突中的野蠻亂象——這些都是在假清高或受尊敬的公民之間相當常見，且眞正具傷害性的罪過。人們經由這些罪惡行爲，在自己的人際圈子裡散播痛苦，並且——可以這麼說——爲摧毀文明盡了小我之力。但是這些惡行，並沒有使這些病態的人認爲自己是個遭社會放逐的人，喪失了一切享受神聖恩寵的權利。這些行徑也沒有造成這些人惡夢連連，恍惚看見自己的母親以斥責的目光盯著自己。爲何他們在潛意識中的道德法則，與理性如此背道而馳？原因在於，那些在他們年幼時照顧他們的人，所相信的倫理道德愚蠢至極；而且，這樣的倫理道理並非來自個人對社會責任的反省所得；加之，它是由舊有的非理性禁忌所拼湊而成；更有甚者，它本身含有某些病變成分，可以追溯至困擾著奄奄一息的羅馬帝國的精神病態現象。我們所依循的徒具其名的倫理道德，皆是由神職人員與心理備受束縛的女人所構想而成。現在正是時候，人們必須在世間的正常生活中負起正常本分，去學習如何反抗這些病態的荒唐教條。

◎不過，假使這場反抗的目的是爲個體帶來幸福，使人們可以持續依循一個標準過日子，而非在兩極之間猶豫不定，那麼，人們必須深刻思考並感受自己的理性所發出的諍言。大部分的人在表面上擺脫了來自童年的迷信時，會誤以爲已經沒有進一步需要致力之事。他們並不理解，這些迷信依然埋伏在地下蠢蠢欲動。當我們獲得了一個理性的信念，就必須詳細地討論、執行並檢視它的後果，並在自身中搜尋與這個新信念不一致、卻可能還在運作的舊信念；而當罪疚感變得愈來愈強時——有時難免如此——務必不要將它視爲啓示或是朝向高層思想的召喚，而必須把它看作弊病與脆弱，除非它是由理性道德所譴責的行爲所引起的，那當然就不在此列。我並非建議人可以沒有道德，我只是建議，人應該拋棄由迷信而來的道德——這兩者之間的差異顯而易見。

◎不過，甚至當一個人觸犯了來自自身理性的道德規範時，罪疚感是否可以成爲通往更好生活方式的途徑——我對此仍深表懷疑。在罪疚感中包含有某些屈辱，某些缺乏自尊的成分。而自尊的喪失，對任何人來說都不是好事。理性的人會將自己所做出的不合意行爲，看成是某些環境條件所致，如同他也會如此看待其他人令人不快的行爲一般；他會充分去理解這些行爲不宜的原因，以加以避免，或是，如果情況允許，他也會迴避容易導致這些行爲發生的環境條件。

◎

事實上，遠遠無法成就良好人生的罪疚感，只會使人生反其道而行。它會使人不快樂，使人感到卑下。由於鬱悶不快，他很可能因此對其他人提出過分的要求，而這將阻礙他享受人際關係所帶來的愉悅。而由於感到自卑，他會對那些似乎比他優秀的人懷恨在心。他會發現自己很難讚賞他人，卻很容易起嫉妒心。他將成爲一般上很難相處的那種人，而且他會發覺自己愈來愈孤獨。以開朗與慷慨的態度待人接物，不僅能帶給他人快樂，也是自身幸福的巨大泉源，因爲，如此的態度會使我們普遍爲人所喜歡。但是對於遭受罪疚感糾纏的人來說，這卻幾乎是不可能的事。那種與人爲善的態度，是自信與獨立自主帶來的結果，它要求一種可以稱之爲心理整合的機轉，亦即，在人的天性中的各種層面，比如意識、潛意識與無意識，皆能共同和諧地運作，彼此不會糾纏於無休無止的爭鬥中。在大多數的個案中，通過明智的教育就可以營造出如此的和諧，但是如果教育本身已經愚昧僵化，那麼這個過程就會變得艱鉅。精神分析師所試圖改變的正是這個過程，但我相信，就大多數人而言，當事者本身就能自己進行這項工作，只有極端的案例才需要專家協助。請勿這麼對自己說：「我沒有時間費力進行這些心理學苦工，我的生活已經充斥忙不完的事，我會把無意識留給它自己去處理，反正它原本就有很多戲法。」當一個人的人格分裂成好幾個部分，然後彼此相互對抗，這不僅會大大降低人生的幸福感，而且還會鈍化行事效率。花費在使人格組成中的不同部分產生和諧關係的時間，是一種對時間的有效運用。我並非建議，比如說，我們應該每天撥出一小時來進行自我檢視作業。對我而言，這絕非最佳辦法，因爲它提高了關注自我的程度，而這同樣包含在需要矯正的弊病之中，因爲，當一個人的人格和諧統一，他會將興趣轉向外界，而非鑽自己的牛角尖。我所建議的做法是，一個人應該下定決心，去重視他的理性所相信的事物；他絕對不能讓相反的非理性信念從容過關或獲得掌控他的機會，無論爲時多短。其中的關鍵點是，在那些當事人被引誘重返嬰兒時期的時刻中，能夠運用自己的推理能力來思考自身的問題，而只要推理過程堅決有力，其實可能費時甚短。因此，我們可以忽略這個過程所須花費的時間。

◎

許多人對理性思考存有反感；對於懷有這種態度的人，我上述所討論的事情可說毫無用處。人們存在有一種觀念，認為只要自由地展現理性，就會扼殺所有深刻的情感。對我來說，如此信念似乎來自於人們對於理性在生活中所起作用的全然誤解。生成情感並非理性的功能，雖然去找出方法以防範阻礙幸福的情感，是理性的功能之一。去發現能夠把憎惡與嫉妒降到最低的方法，無疑也是理性心理學的功能之一。然而，去假定，在將這些激情降到最低的努力中，我們同時會降低那些理性並不譴責的激情的強度，卻是錯誤的看法。情人的愛戀、父母的親情、朋友情誼、慈悲之心，與對科學或藝術的熱情——理性絕不希望弱化涉及以上種種的任何情感。當理性的人感受到以上任一個、或所有的情感時，他會欣喜於自己能夠感受如此的情緒，絕不會想要削減其中的強度，因為，這種種情感皆是美好人生的組成元素，而這樣的人生將有助於為個人與他人增進幸福。在諸如上述的情感中，絕無任何非理性的成分包含在內；許多具有非理性個性的人，只能去感受那些最微不足道的激情。一個使自己能理性行事的人，無須害怕自己的生活將會變得遲鈍無趣。相反地，由於理性通常構成了內心的和諧統一，因此已達到這個境界的人，在沉思這個世界與運用自身能量完成外部目標時，比起始終受阻於內在衝突的人，都將更爲自由。沒有什麼會比受困自身之中，更讓人鈍化無感；而最讓人振奮快活的方式，永遠是將注意力與能量投向外部世界。

◎

我們的傳統道德一直過度以自我作爲焦點，而如此不智地把注意力集中在自我之上，則衍生出了罪惡的概念。對於那些從未擁有過這種由錯誤道德所生成的主觀態度的人，理性可能並非必要之物。但是，對於那些曾染此病的人來說，爲了使治療有效，理性則不可或缺。或許，在心理發展上，病態是一個必經的階段。我傾向於認爲，藉助理性因而超越了病態的人，會比從未經歷過心理病變或治療的人，能達到更高的精神水平。在我們這個時代所常見的對理性的憎惡，絕大部分原因是來自於，人們沒有以完整且根本的角度去思考理性的運作過程。由於人格分裂而導致內心衝突不斷的人，會尋找刺激與消遣；他之所以會喜歡強烈的情緒，並非出於健全的理性思考，只是因爲那些興奮活動能讓他暫時忘記自己，不用去面對那些必然會使人痛苦的念頭。對他來說，任何的激情都是興奮陶醉的一種形式；

由於他對基本的幸福感毫無概念，因此所有減輕痛苦的方法，唯有出之以陶醉的形式，對他才可能奏效。然而，這卻是根深蒂固的個性缺陷所呈現的症狀。當如此的缺陷不復存在，終極的幸福將在個人對自身精神機能的全然掌握下，翩翩而來。正是在心理功能全面活躍，不再有什麼需要忘卻的事物之時，個人才能體驗到強烈的欣喜之情。這確實是檢驗幸福的最佳方法之一。那種需要不論種類爲何的陶醉感才能讓人感受的歡快，實屬似是而非、無法令人滿足的快樂。唯有在我們的精神機能全然運轉，並對我們生存其間的世界有了充分的覺悟，眞正讓人心滿意足的幸福才會到來。

第八章　被害妄想

◎最極端形式的被害妄想，是一種已知的精神病。某些人會幻想，有人意圖殺害、囚禁他們，或使他們遭受其他的嚴重傷害。由於希望保護自己免遭想像中的迫害者攻擊，當事人經常出現暴力行為，以致於他們的人身自由必須受到限制。如同其他形式的精神錯亂，這種情況其實只是某種行為傾向的誇大結果，而這種傾向在一般被視為正常的人身上也絕非罕見。我在此並不打算討論極端形式，那是屬於精神科醫師的專業範疇。我想要加以思索的，是一些表現上比較溫和的形式，因為那是造成不快樂的常見成因；而且也因為，在症狀尚未嚴重到成為明確的精神疾病之前，患者本身是可以自行處理與矯正的：只要他能夠被引導去正確地診斷自己的困擾，明瞭困擾的根源來自於他的內心，而非出自想像中的他人的敵意或仇視即可。

◎我們都很熟悉這種人：無論是男性或女性，依照他們的說法，他們一直都是忘恩負義、不友善與背叛的受害者。這種人通常都口才便給，可以從那些認識他們不久的人身上獲得溫暖的同情。他們所講述的每一個不同故事，一般上都沒有什麼不合理的地方。他們所抱怨的那些惡意的對待，也確實無疑會發生。但最後總會引發聽者懷疑起這些故事的原因是，受害者就算運氣再不好，他們遇上的壞人也實在是太多了。依據或然率的原則，居住在任一給定社會中的所有人，他們在一生中將遭受到的惡劣行爲，數量上大抵相仿。而在既定的環境中，如果依照當事人的說法，他竟然受到了普遍性的惡待，那麼，問題的根源就可能是出在當事人本身；要不是他幻想出了實際上並沒有遭受的傷害，要不就是他下意識中所表現的行爲舉止，會引發他人無法克制的惱怒。因此，閱歷豐富的人會懷疑那些始終在承受世人不當對待的自我表述；但是這種缺乏同情心的表現，反而又會使那些不幸的人更加確信，人人都與他作對。事實上，這是個很難對付的棘手難題，因爲，無論他人同情與否，都同樣會引發問題。當有被害妄想傾向的人發現，他的厄運故事被人相信時，他會開始加油添醋，一直到如果再肆意渲染，就會突破可信度的界線才罷手；另一方面，要是發現沒人相信他的故事，他不過是又再度獲得了一個例證，證明人們對他特別冷酷無情。這種疾病僅能藉由理解事情原委來矯正，假使理解有用的話，務必將這份理解傳達給患者。我在本章的目標是，提供一些具有普遍性的反思，讓每個人能夠藉以檢測自己是否有被害妄想的症狀（每個人幾乎都或多或少會有此困擾），並在檢測之後，有所機會進行根絕。這是在贏得幸福的過程中相當重要的一步，因爲，如果我們覺得每個人都在惡待我們，那麼想要獲得幸福人生，就會比登天還難。

◎

絕大多數人面對惡意八卦的態度，可說是非理性的一種最普遍形式。少有人能抗拒去說旁人壞話的慾望，甚至偶爾也會說說友人的閒話；但是，當人們聽聞任何針對自己的八卦時，卻會感到憤怒又訝異。顯而易見，人們從未想過，如果他們會談論其他人的流言蜚語，那麼其他人自然也會對自己閒言閒語。不過，這還只是這種態度較溫和的表現形式，假使它遭到誇大，就會導致被害妄想的滋生。面對自己，我們可以感覺到溫柔的愛與深厚的敬意，因此也期待其他人會對我們有相同的感受。但我們卻沒有想到，不可能期待別人對我們的評價，會高過於我們對他們的評價。我們之所以沒這樣想的理由，是因爲在我們眼中，自己的優點是如此之多、如此醒目，而其他人的優點——如果眞的有的話——也只有菩薩心腸的人才看得見。當你聽見某人惡毒地講了你的壞話，你記起了，自己曾有九十九次忍住不說對這個人最適切、最應得的批評，卻忘記了，第一百次你一不留神便脫口而出的那些、你相信是有關此人的實情。你在想，難道這就是你長久以來克制自己的回報嗎？然而，從對方的觀點來看，你的行徑看上去一如你對他行徑的看法；他對你克制不說的次數毫不知情，他只知道你在第一百次時確實說了他的閒話。假使我們每個人由於魔法之助都獲得了讀心術的能力，我猜想，第一個所導致的後果將是，所有的友誼關係會幾乎立時瓦解；然而，第二個後果則可能相當可貴，因爲，我們將發現自己難以忍受一個沒有朋友的世界，於是開始努力學習喜歡彼此，不再需要一面幻覺的屏幕，來對自己隱瞞我們並不以爲彼此都是完美之人的事實。我們明白，我們的友人有他們的缺點，但是大體上還是我們會喜歡的那種可親之人。然而，我們卻無法忍受他們採取同樣的態度來看待我們。我們期待他們以爲我們毫無缺陷，與其他的人皆不相同。但是，當我們不得不承認自己也有缺點時，卻又太過看重這個再明顯不過的事實。其實，沒有人應該期待自己表現完美，或是在發現自己並不完美時感到困擾。

◎

被害妄想一向根植於，我們在想法上過度高估了自身的眞正價値。比如說，我是一名劇作家，而我認爲，對每一個不帶偏見的人來說，我身爲當今最傑出的劇作家肯定明顯之至。然而，出於某些理由，我的劇本鮮少被搬上舞台，而一旦獲得演出機會，則皆以失敗收場。事態如此怪異，該作何解釋？顯而易見，劇場經理、演員與評論家聯手與我作對，理由則不一而足。當然，對我來說，那些理由卻是相當值得稱道的：我拒絕向劇場界的大人物磕頭，我也不會奉承評論家，且我的劇本經常一針見血點出眞相，這對於被它抨擊的人來說完全難以忍受。於是我的舉世才華只能備受冷落。

◎另一個例子，比如說，有一名發明家，他一直無法找到某個人來檢視他的發明實力；工廠製造業主經常固執己見，對任何革新視而不見，而少數幾位進步業主卻只培養自己的發明家，阻礙著未經認可的天才登上檯面的機會；學術機構的表現則更爲奇怪，要不是遺失這名發明家的手稿，就是原封不動退回原稿；而他懇請惠賜高見的那些人，則莫名其妙地毫無反應。如此事態，該作何解釋？顯而易見，肯定存在有一個緊密的團體，其中的成員會希望那些藉由發明所獲取的利益，只由自己的人來共同平分；而不屬於該團體的人，就不會有機會發表意見。

◎還可以再舉出的例子是，有個人基於他所觀察到的實際發生的事，因而滿心憤懣；他從一己經驗的角度，將這些事例給一般化，推導出，他個人的不幸可以用來作爲世間難題的解答；比如說，他發現情報部門發生某種醜聞，而政府當局爲了自身的利益因而隱秘不宣。他幾乎無法讓他的發現獲得任何曝光的機會，而道貌岸然的人士則拒絕提供一臂之力，來匡正這個使他義憤塡膺的惡行。於是，事實還是如他所說的那樣存在著。但是，那些人的袖手旁觀給他帶來巨大的衝擊，以至於他開始相信，所有具權勢的人物都僅只關心著掩蓋犯罪事實，因爲他們之所以擁有權力，其實全拜這些罪惡之賜。有這一類想法的人，在個性上可說特別頑固，原因正是因爲他們看到了部分眞相；他們親身觸及的事情，自然會比絕大多數他們沒有直接經歷的事情，對他們產生較大的影響。這會導致他們產生比例上的錯覺，使他們對於那些或許只是偶發而非常態的事情，賦予過高的重要性。

◎另一種並非罕見的被害妄想受害者，則是某種類型的公益人士；他們總是違背別人的意願去爲對方做善事，而在對方沒有表示任何感恩之情時，則會因爲受驚而產生反感。我們行善的動機，很少如同我們所想像的那般純粹。對權力的熱愛經常處於潛伏狀態；它有許多僞裝形式，也經常成爲愉悅的來源，因爲我們可以從自以爲對他人有利的善行中，獲得愉快的感受。而在這類行爲中，可能經常見到有另外一個因子運作其間。所謂對別人「做好事」，一般經常包含著剝奪對方的某種快樂在內，比如飲酒、賭博、遊手好閒等不一而足。在這種情形中，可以見到許多社會道德中所特有的一個成分，亦即「嫉妒」；我們嫉妒那些可以觸犯小惡小過的人，相較之下，我們爲了保有來自友人的尊敬，卻不得不禁絕這些罪惡行爲。比方說，那些投票反對吸菸行爲的人（在美國許多州存在有、或存在過如此的法律），顯然都是不吸菸的人，對他們來說，其他人從菸草所獲得的樂趣，卻是他們痛苦的一個來源。假使他們期待那些先前是老菸槍的人組成代表團，來感謝他們禁除了菸草，使得老菸槍可以從可憎的惡習中解放出來，那麼，他們很可能將大失所望。於是他們開始反思，自己爲了公共利益奉獻心力，但那些最應該爲了如此的善行義舉來感謝他們的人，卻似乎完全沒有意識到要利用機會來表達感恩之情。

我們以前會在女主人對待家中僕傭的做法中發現相同的態度，因爲女主人必須維護僕傭的品行免於敗壞。但就最近而言，僕傭的問題變得如此嚴重，以致這種對於女傭的善意形式已經較不常見。

在政治界的高層人士中，也會出現相同的現象。逐漸掌握所有權力於一身的政客，爲了能夠實現遠大高尚的政策目標，他節制安逸享樂的生活，步上公共生活的舞台；當這樣的人遭遇人民起身反抗時，會對於民眾的不知感恩感到詫異。他從未想過，他的所作所爲根本沒有包含爲公共事務獻身的動機在內；他也沒想到，也許某種程度上，獨攬天下所帶來的樂趣，才是啓發他行動的原因。在造勢講台與政黨新聞發布會上照本宣科的老套空話，對他來說漸漸成爲可信的眞相；他錯把來自黨派的浮誇修辭當成從政動機的眞誠分析。當這個世界離他遠去之後，由於深感厭惡與幻滅，他也自這個世界退隱下來，並且對於他曾在追求大眾福祉等吃力不討好的任務上盡心盡力，深感遺憾。

◎ 以上這些例子，可以提供我們四個一般化的基本原則，只要充分了解其中眞意，就能證明這些原理是預防被害妄想的適當對策。第一個原則是：牢記你的種種動機並非總是如你想像的那麼具有利他傾向。第二個原則是：切忌過度高估自己的價值。第三個原則是：不要期待他人對你如同你對自己的興趣那麼高。而第四個原則是：不要想像大部分的人一天到晚都在打你的主意、想要迫害你。我接下來會對每個基本原則進行若干闡釋。

◎ 對於公益人士與行政官員這樣類型的人，特別需要去質疑自身的動機傾向；這一類人對於這個世界、或其中的某個範疇應該展現的模樣，具有特定觀點，他們有時正確、有時錯誤地以爲，爲了實現這個觀點，他們需要施予人們有利的恩惠。然而，他們卻沒有適切地理解到，受到他們行爲影響的每個個體，其實也都擁有相同的權利可以表達他們偏愛的世界觀。一個屬於行政官員類型的人，會深信自己的觀點正確無誤，而凡是與他看法不同的人則皆屬謬誤。但是他在主觀上的確信感，卻無法提供任何證據，來證明這在客觀上也同樣絲毫不爽。而且，他的信念經常只是某種樂趣的僞裝形式；他可以從預料將由他所造就的改變中獲得快樂。在如此的案例中，除了對權力的熱愛之外，還有另一個動機明顯運作其中，亦即「虛榮心」。有個志向遠大的理想主義者出馬競選國會議員——在此，我是經驗之談——他對某個選民的冷嘲熱諷感到震驚，因爲那個人認爲，他只是一心渴望那種可以在名字後面寫上「M.P.」（國會議員）字眼的榮耀而已。當競選活動結束後，他終於有時間進行反省，他想著，或許那些憤世嫉俗的選民終歸有其道理。理想主義讓單純的動機戴上奇怪的面具，因此，從政人士會遭遇某些看清現實之人的嘲諷突襲，可說非常合理。傳統道德灌輸了某個程度的利他主義，就人類天性來說，其實很難如實做到，然而那些自豪於擁有美德的人，卻經常以爲，他們已經實現了這個難以企及的理念。絕大多數最高貴的人類行動，皆含有自利的動機，這一點也並不可悲，因爲，假使沒有自利動機的話，人類可能早已滅絕。一個人如果只花時間照管別人的三餐，而忽略自身溫飽所需，肯定會一命嗚呼。當然，他進食只是為了提供自己必需的能量，以便繼續投身在與惡魔的爭鬥之中，不過，以如此動機所嚥下的食物是否能充分獲得消化，則值得懷疑，因為它應該無法刺激分泌足夠的唾液。所以，一個人應該因為渴望享受美食之樂而大快朵頤，這比起只是出於公共福祉而花時間用餐，可說理智得多。

◎適用於進食的道理，也適用在其他事情上。無論從事什麼，唯有藉由某種熱情之助，才能適切完成，而熱情很難不包含某種自利的動機在內。從這個觀點來看，我會把關心具有血緣關係的親人，也算作自利動機的表現，比如，一心只想保護妻兒而去對抗敵人即是一例。這種程度的利他主義，屬於正常人類天性的一部分，而傳統倫理道德所灌輸的那種利他主義則否，人們很難真正達到它的要求。期許自身崇高的道德表現獲得激賞的人，不得不深信自己已經實現了某個程度的無私，但他們極可能並非如此，結果造成原本追求高風亮節的努力，連結上了所謂的自我欺騙，這將輕易導致被害妄想現象的發生。

◎關於前述四個基本原則中的第二項——內容大略是，高估自己的價值並不明智——就道德的高估方面，我們之前已經有詳細討論，不過除了道德之外，個人的特長同樣不應被過度高估。戲劇作品從未成功演出的劇作家，應該平靜地審視自己的劇本是否平庸乏味的事實；他最好不要認爲這種評價根本站不住腳，因而立即否認它的可能性。假使他發現事實果眞如此，他應該如同一名歸納法哲學家一般去接受它。確實，在歷史上，存在有傑作未獲適當認可的例子，但是這樣的作品遠比那些已經公認是劣作的例子要少上許多。一名天才如果未被同時代的人認可，那麼他相當有理由繼續堅持自己的追尋，儘管內心承受著世人忽視之苦。另一方面，假使他是個飽脹虛榮心的庸才，那麼對他而言，明智的做法則是見好就收。即便同樣爲了那股創作出無名巨作的驅力而痛苦萬分，但我們始終沒有辦法知道，自己究竟屬於這兩個類別中的哪一個。如果你屬於第一個類別，你的堅持就是英雄行動；如果你屬於第二個類別，就會淪爲眾人笑柄。而如果你已經作古百年，則無從再去猜測你到底屬於哪個類別。在此同時，假使你覺得自己是個天才，但你的友人不以爲然，那麼你可以來做做這個小測驗，它或許並非絕對可靠，卻相當具有參考價值。這個測驗如下：你之所以進行創作，是因爲你感到有一股想要表達某些想法或感受的緊迫衝動，或者，推動你的力量其實來自博得掌聲的渴望？對眞正的藝術家來說，博得掌聲的渴望儘管通常也很強烈，但它卻屬於次要事物，亦即，藝術家嚮往創作某類作品，他自然希望作品受到歡迎，但即便未能如願，他也不會改變創作風格。另一方面，把贏得喝采當作基本動機的人，內心中毫無任何力量推促他去進行別出心裁的表達，他因此能夠改弦易轍去創作迥然不同的作品。這樣的人如果沒有經由本身的藝術作品而受到青睞，最好就此放棄。廣而言之，無論你的人生路向為何，假如你發現其他人對你能力的評價，並不如你對自己的評價那麼高，切記不要太有自信地認為，必定是他們出錯。假使你讓自己墜入這樣的念頭中，很容易就會去相信，有人正在醞釀什麼陰謀，阻礙著你的才華受到認可，而只要腦子縈繞這樣的想法，相當肯定會讓你的生活鬱鬱寡歡。去承認你的才情並非如你此前所希望的那麼高，可能會使你一時難過不堪，不過，這種痛苦終有結束的一天，而此後你將能再度擁有幸福生活的契機。

◎

第三個基本原則是，不要對其他人期待過高。在過去，病弱的女士習慣上會期待她至少有一名女兒可以全然犧牲自己，負起看護的責任，甚至要求她對婚姻斷念。這種慣例是指望其他人展現某個程度的利他行為，完全違反理性，因為利他者的損失將高過自私者的獲益。在你所有的人際關係中，特別是和你最親近之人的往來，有一件並非總是容易記得、但卻重要無比的事：他們從自己的角度看待人生，當生活觸及他們的自我，他們會因此發表意見；他們並非以你的角度與你的自我作爲出發點。我們不該期待任何人爲了另一個人的利益，而去扭曲自己的人生道路。有時可能因爲情感關係如此強烈，以至於最極端的犧牲也成爲再自然不過的事，但是，如果情況並非如此自然，犧牲就不該出現，沒有人應該因爲沒有獻身犧牲而受到指責。在很多情況中，人們對於旁人行爲的抱怨，只是控制慾與貪婪在對抗某些同樣出於利己主義的正常行爲，是自我超出了適當界線的表現。

◎

稍早提及的第四個基本原則之要義在於，我們必須理解，別人關注與思量你的時間，並不會如你對自己一樣多。被害妄想的病態受害者會想像，各種各樣的人從早到晚都在想方設法要加害他這個可憐的瘋子——但事實上，所有人都有各自的嗜好與興趣。出於相同方式，但相對上比較沒那麼病態的被害妄想受害者，會在他人的各種行動中，看出其中牽涉到他本人的部分——事實上，這完全是幻想。想當然爾，這個想法讓他的虛榮心心花怒放。假如他是個地位舉足輕重的人，這種懷疑可能是眞的。比如，英國政府在許多年間的一切作爲，只爲阻撓拿破崙的行動。但是，如果一個無足輕重的普通人幻想著其他人始終在打他的主意，那麼，他正步上通往精神錯亂的道路。比如，你在某場社交晚宴上做了公開演講。其他一些講者的照片被刊登在報紙上，但卻沒有一張有你入鏡。該怎麼解釋這樣的事？你可能會想：這顯然不是因為其他講者被認為比較重要；這必定是因為報紙編輯下令應該忽略你。而為何他們會下達這樣的命令？顯然是因為，有鑑於你的地位與動見觀瞻，所以他們懼怕你。如此一想，你的照片遭到遺漏的這件事便從受辱一轉而成微妙的恭維。但，這種自我欺騙無法帶來任何真正的快樂。在內心深處，你明白真相並非如此，而為了要盡可能對自己掩藏這個感覺，你不得不揑造更多異想天開的假說。努力要使自己相信這些假話的壓力，到最後會愈來愈巨大。而且，由於這些幻想含有「你是普遍性敵意的對象」這樣的頑念，於是它為了保護你的自尊，僅能施加給你一種非常苦澀的感受——你跟整個世界毫不相合。奠基於自我欺騙的滿足感脆弱不堪，無論真相多麼令人不快，最佳對策還是堅決地去面對它、習慣它，並依照它來建立你的人生。

第九章　恐懼輿論

大體而言，人們的生活方式與世界觀除非獲得與他們有社會關係的人所認可，尤其是那些來自與他們一起生活的人的贊同，不然少有人會感到快樂。現代社會的一大特色是，人們分化成許多在道德規範與宗教信仰上迥然有別的群體。隨著宗教改革運動的興起，或者應該說，隨著文藝復興運動的演進，如此的發展形勢一直方興未艾。新教徒與天主教徒之間，不僅在神學上各有所別，在許多實務做法上也大相逕庭。貴族階級所容許的種種表現與行為，為布爾喬亞階級所不容。宗教自由主義者與自由思想家並不承認，人們有恪守宗教規則的責任。今天，整個歐洲大陸存在著社會主義者與其他人士間的兩極化分裂，不僅涉及政治理念，還包括生活中的幾乎所有領域在內。在英語系國家中，社會群體間的分裂現象更是不勝枚舉。某些群體的人們對藝術萬分推崇，而在其他群體中，只要是現代藝術，就被斥為邪惡。有些群體的人們將對帝國的忠誠視為無上的美德，有些群體卻認為這麼做是種罪惡，另外還有些人譏之為愚蠢。傳統的人們認為通姦是萬惡罪孽之一，但是不同階層的大多數人們則認為，它即便並非值得讚美，也是情有可原。天主教徒嚴禁離婚，但大多數的非天主教人士則接受它是一個減輕婚姻生活痛苦的必要方法。

由於人們的觀點如此南轅北轍，一個擁有既定品味與信念的人，很可能發現自己如果生活在某個群體中，會遭逢被放逐的命運，但在另一個群體中，人們卻將他視為一個全然平凡的正常人那樣接納。許多人的煩悶不快，尤其是年輕人，絕大多數皆起因於此。年輕男性或女性不知怎麼地獲知了某些流傳的想法，但馬上發現，在他或她所生活的特定社會環境中，這些想法或觀念被棄如敝屣。年輕人似乎很容易以為，他們唯一熟悉的那個生活環境，正代表了整個世界。他們幾乎無法相信，在另一個地方或另一個群體中，某些他們因為怕被視為變態而不敢坦率承認的想法，居然可以如同當代各種司空見慣的老生常談一般被接受。於是，由於對世界的無知，許多人忍受著不必要的種種苦惱，有時僅在年輕時期如此，但終其一生皆受其苦者也並非罕見。這種孤立狀態不僅是苦痛的根源，它也造成個人為了維持心理的獨立性以對抗周遭的敵意，因而將精力虛擲在不必要的事情上；當人們在這樣的情境裡，遵循由他們的想法所推導出的邏輯性結論時，有百分之九十九的人會感到某種膽怯。勃朗特姊妹在她們的作品出版前，從未遇見任何意氣相投的人。這並未影響到艾蜜莉．勃朗特（Emily Brontë），她個性帶有豪氣，舉止大方；但卻帶給夏綠蒂．勃朗特（Charlotte Brontë）很大的副作用，儘管她才情洋溢，但她的世界觀在很大程度上始終如同一名家庭教師。如同艾蜜莉．勃朗特，布萊克也生活在極端心理隔絕的狀態中；但他也同她一般，具有堅毅的意志足以克服如此生活的惡劣影響，因為他從不懷疑自己是對的，批評家是錯的。他對於輿論的態度，表述在下面的詩文中：

> 我曾經認識這麼一個人
> 唯一一個不會使我作嘔的人
> 他是弗塞利（Henry Fuseli）：他既是土耳其人，亦是猶太人。
> 所以，親愛的基督徒朋友，你們該怎麼辦？

然而，能在個人的內在生命中，擁有如此堅強意志的人，並不多見。對幾乎每一個人來說，身處於一個人們彼此同情共感的環境，是獲得幸福的不二法門。當然，對大部分的人而言，他們所碰巧置身其間的環境，皆與他們協同一致。他們在年輕時期吸收了普遍接受的偏見；他們出於本能地適應了存在於四周環境中的信仰與風俗。但對於人數也不算少的某些群體來說——這特別包括了所有具智識與藝術長才者在內——如此默認順從的態度根本行不通。比如，某個出生在小鎮上的人從很年輕時就發現，自己四周的人存有一股敵意，他們敵視任何對心理成長必不可少的知識。假使他希望閱讀嚴肅的書籍，其他男孩會瞧不起他，老師也會告訴他，如此的著作只會使人心神不寧。假使他關心藝術，他的同儕會覺得他缺乏男子氣概，而他的長輩則會以爲他道德淪喪。假如他希望投入的行業，無論是多麼體面，但在他所屬的圈子裡並不常見，人們就會對他說，他正要開始自立，而對他父親來說夠好的工作，對他應該也同樣很好。假如他顯露出若干端倪，想要批評父母的宗教教義或政治歸屬，那麼他很可能發現自己捲進嚴重的麻煩當中。對大多數具有優異才幹的年輕男女來說，上述種種原因皆會使他們在青少年時期鬱鬱寡歡。身邊那些才情較爲普通的同伴皆在享受著青春的雀躍歡快，他們的內心卻渴望著其他較爲嚴肅的事物；但那些事物，在他們因爲機緣巧合所降生的這個特定社會環境中，卻沒有前輩或同儕能夠提供。

如此的年輕人進入大學後，大概都會遇見意氣相投的伙伴，並因此享受到幾年的快樂時光。假使幸運的話，他們可能在離開大學之際，就順利地獲得某種工作，可以讓他們繼續保有志趣相契的同儕；居住在諸如倫敦或紐約這類大城市中的聰明人，一般上皆能覓得某種志同道合的群體，讓他們不必拘束自己或始終口是心非。但是，如果工作使他被迫居住在比較小型的城鎮中，尤其當職業生涯又使他不得不維持對一般人的尊敬時，比如身爲醫生或律師，他可能將會發現，終其一生，他都必須隱藏他的眞正品味與信念，只能戴上面具面對在日常生活中所遇見的大多數人。這一點在美國特別普遍，由於國家幅員遼闊。無論東南西北，在一些偏遠荒僻之地，都可以見到一些孤獨的人，他們從書中得知，有些地方能讓他們擺脫孤單寂寞，但卻沒有運氣可以生活在那兒，也因此幾乎沒有任何機會進行交心的談話。對於那些在個性上不如布萊克與艾蜜莉．勃朗特般堅毅的人來說，在如此情況下，絕無獲得眞正幸福的機會。假使仍有幸福的想望，就必須找到方法去減輕或抹消輿論控制的力道，讓那些具有才智的少數群體可以認識彼此，享受彼此的交往與相伴。

在相當多案例中，不必要的膽怯使難題更形惡化。比起不在乎輿論的人，輿論總是對明顯懼怕它的人更具殺傷力。相較於輕視牠的人，惡狗更會朝害怕牠的人刺耳地吠叫、隨時準備撲上去撕咬，而人類這種群居動物也具備同樣特質。假使你顯露出害怕群眾的傾向，便等於是點頭答應讓他們撲上來咬你，不過，如果你流露出毫不在乎的態度，他們反而會開始質疑自身的力量，因而放你一馬。當然，我所談論的並非是那種極端的挑戰形式。如果你人在加州，卻抱持屬於俄羅斯人的傳統想法，或是你人在俄羅斯，卻心懷屬於加州人的一般想法，那麼也只能後果自負。我所思考的，並非如此極端的形式，而是遠遠較爲溫和的觸犯了某些習俗慣例，比如，沒有正確著裝，或不加入某種教派，或沒有迴避閱讀某些智慧書籍。如此的過失，如果並非出之以挑戰的心態，而是表現爲輕鬆愉快的、漫不經心的下意識行爲，那麼，甚至是最因襲守舊的社會也會對你睜一隻眼、閉一隻眼。這些過失行爲甚至會逐漸取得特許地位，成爲某種被認可出現在某人身上的怪異舉動，但是如果出現在其他人身上則依然會被認爲不可饒恕。這主要涉及某種良善天性與友善態度的表現。傳統的人們之所以會被偏離慣例的行徑所激怒，主要是因爲，他們將如此的違犯視爲是對他們本人的批判。他們會原諒一個人所表現的許多不合常規的行爲，只要他的愉快與友善足以清楚地表達，他並非意在批評他們即可——這甚至對其中最愚蠢頑固的人也會有效。

然而，這種逃離審查的方法，對於許多因爲品味或意見而被排除在群眾同情對象之外的人來說，卻不可行。缺乏群眾的同情會讓他們不舒服，引起他們的好戰態度，即使他們在表面上默認順從或努力迴避任何尖銳的議題亦然。與自身社會環境的傳統扞格不入的人，因此容易氣憤難平、坐立難安，缺乏正面開朗的幽默氣質。但，若讓這樣的人轉移到另外一個社會環境，當他們的觀點不再被視爲怪異，個性似乎也會全然改觀。他們可能從原本嚴肅、膽怯、拘謹的個性，一變成爲活潑爽朗，並富有自信；如果他們原本的個性有稜有角，可能變得平易近人；如果原本行事以自我爲中心，也可能會變成喜歡社交、個性外向的人。

所以，發現自己與所屬環境不合的年輕人，只要可能的話，應該在選擇職業的過程中，努力挑選某些工作類別，讓他們能有機會遇見志趣相投的同伴，即便這麼做有可能伴隨收入的劇減也應該一試。年輕人通常幾乎不曉得如此的做法可行，因爲他們對這個世界的了解非常有限；他們很容易以爲自己在置身之處所接觸到的偏見，也存在於世界各地。就這一點，上了年記的人應該可以助年輕人一臂之力，因爲豐富的人世經驗是理解人性之鑰。

◎今日的精神分析習慣假定，當年輕人與所處環境不合，原因必定出自某些心理失調。對我而言，如此的說法謬誤至極。比如，假設有一名年輕人的父母相信，演化論的提出居心叵測。在這個案例中，除了聰明與否之外，沒有什麼原因可以解釋他爲何不贊同父母認定的事實。與所置身的環境格格不入，當然是一場災難，但那並非是一定要不惜任何代價避免的災難。當周遭環境瀰漫愚蠢、偏見或殘酷的歪風，不能與它和諧共處就成爲個人出淤泥而不染的證據。在某種程度上，那些負面特點幾乎遍存於每一個社會環境中。伽利略與克卜勒都懷有「危險的思想」（日本人這麼說他們），而我們這個時代最具智慧之人的遭遇也如出一轍。社會意識如果獲得高度發展，導致這些人開始懼怕自己的見解將引發來自社會的敵意，這並不讓人樂見。比較可取的做法是，找出盡可能減少這些敵意、使之失效的方法。

◎在現代世界中，這個難題最嚴重的部分發生在年輕人身上。假使一個人投入在正確的職業生涯與正確的環境中，那麼，在大多數情況下，他都能逃離社會迫害，但是，當他年紀尚輕，他的特長還未通過考驗，就很容易任由無知的人們擺弄；這些人認爲自己有能力去評判他們一無所知的事情，而且一旦聽到任何人意圖暗示，一個少不更事的年輕人可能懂得比見過世面的他們還多，就會被激怒。許多最終逃離了無知蠢材之魔掌的人，由於他們所承受的壓制時間如此之長，所經歷的鬥爭如此劇烈，以至於最後精疲力盡、遍體鱗傷、苦痛難消。有一種讓人感到舒坦的天眞假說指稱，天才總是會走出自己的康莊大道；許多深信此說的人認爲，早慧的年輕人所受到的迫害不會造成多大傷害。然而，卻沒有任何可能的論據，讓人得以接受這種假說。這就如同那種認爲謀殺案必將水落石出的論調一般。顯而易見，所有曝光的謀殺案都已經被偵破，但是誰知道我們毫無所悉的謀殺案還有多少？同樣地，所有我們曾經聽聞的天才都已經戰勝了逆境，但是，我們卻沒有任何理由得以假定，不會有許多其他的天才在年輕時即屈服陣亡。並且，此問題不僅關乎天才，也與所有具才華的人密切相關，而對社群來說，他們與天才同樣必要。它不僅是如何得以經由某種方式擺脫輿論壓制的問題，而且也是如何在擺脫壓制時，不會深感痛苦、不會精疲力竭的問題。出於這種種理由，我們不應該讓年輕人的道路太過坎坷艱險。

年長者應該以尊敬的態度看待年輕人的願望，這實屬合宜的建議，但如果說，年輕人應該尊重年長者的願望，聽來似乎就不甚可取。理由很簡單，因爲這種心態只關注著年輕人，而未關注年長者的人生。當年輕人試圖干涉年長者的生活，比如，反對已經成爲寡婦、鰥夫的父母再婚，就此而言，年輕人的行爲一如年長者試圖干涉他們的生活時，同樣站不住腳。年長者與年輕人只要達到了具責任能力的年齡，皆同樣有權可以自由地進行選擇，而如果無法避免，也同樣有權犯錯。年輕人假使在任何重大事務上屈服於來自年長者的壓力，就顯得考慮有欠周詳。比如，假設你是個憧憬舞台表演的年輕人，而你的父母反對你的願望，原因若非演藝界道德淪喪，就是演員的社會地位低下。他們可能給你帶來各種沉重的壓力；他們可能告訴你，如果你無視於他們的命令，就會把你趕出家門；他們可能會說，你不出幾年肯定就會後悔；他們可能舉出一連串可怕的例子，說一些年輕人過於輕率地去做你正打算投入的行業，結果下場悽慘。他們就你並不適合戲劇這一行的各種考量當然可能是對的，你可能毫無演戲的才華，或你的嗓音難聽。然而，即便情況果眞如此，你也很快就會從劇場界的人士那裡得知，而屆時想改換跑道在時間上也仍有餘裕。父母的論點並不足以成爲你放棄嘗試的理由。儘管他們費盡口舌，但如果你還是依照你的目的去進行，他們很快就會讓步，事實上，速度會遠比你或他們所意料的還快上許多。另一方面，假使你發現你所獲得的劇場專業評價令人洩氣的話，那就是另一回事了，因爲新手總是必須尊重專業的意見。

◎

我以爲，一般上，除開專家的見解之外，我們無論大事小事，都給予了其他人的意見過多的尊重。在有關如何避免飢荒與不捲入牢獄之災等這類事情上，我們是應該尊重公共輿論，但除此之外的任何事情，如果我們還繼續尊重它，就是自願屈服於不必要的掌控力量，而這將可能以各種方式妨礙我們的幸福人生。比如，以人們的開支爲例說明。相當多人花錢的方式與他們原本的品味天差地遠，只因爲他們認爲，要獲得鄰居的尊重，取決於是否擁有一部好車，與是否有能力舉辦豪華晚宴。事實上，任何明顯有財力買車，但卻偏好旅遊或收藏好書的人，比起依照從眾行爲行事，最後會贏得更多的敬重。當然，我們也沒有必要故意藐視輿論；如此的做法依舊顯示出它凌駕於我們的支配力量，只不過出之以相反的方式。只要能夠對輿論完全漠不關心，就會是幸福的力量所在與快樂的泉源。由不會過度屈從風俗傳統的男女所組成的社會，將會比所有人的言談舉止相仿的社會，遠遠更爲多彩多姿。在每個人的特質皆獲得各別發展的地方，各種不同個性的個體就得以被保留，也會因此更值得花時間去認識新朋友，因為他們每一個人都不會只是你以前認識的人們的翻版。這曾經是貴族階級所擁有的一個好處，因為，他們的出身決定了地位，於是所作所為也被允許不按理出牌。在現代世界，我們失去了這種社會自由的來源，因此，我們應該更為審慎地去理解整齊劃一的危險性。我並非意指，人們應該故意特立獨行，如此的行徑正如照章行事一般無趣。我的意思只是，人們應該避免矯揉造作，人們應該展現自然流露的品味愛好——當然，那種明顯反社會的品味不在此列。

在現代世界，由於人們具備快速移動的能力，於是已不再像從前那般依賴在地理上距離最近的鄰人。凡是有車的人，都能將居住在二十英里內的人視為鄰居。他們因此而在選擇自己的同伴方面，比起從前更具有自主權。在任何人口稠密的地區，一個人如果無法在二十英里的距離內覓得志同道合的友人，那實在是極大的不幸。在大部分人口密集的都市裡，人們必須與近鄰打交道的觀念已經消失，但在小城鎮或鄉村地區則依舊存在。那已經成為一個愚蠢的觀念，因為社會不再有依賴近鄰的需要。現在愈來愈可能以是否志趣相投來選擇我們的同伴，而不用僅僅以地理上的鄰近性作為

的危險將有增無減。這種事情由於後果太過嚴重，以致無法輕易被遭受侵害的個人輕蔑以對；無論人們對於崇高的言論自由原則的主張爲何，我認爲，應該制訂比現存的自由法條更爲嚴格的界限，任何會造成無辜個人的生活難以忍受的報導都應嚴加制止；儘管他們只是偶然做了或說了一件小事，但經由惡意宣傳，就可能導致他們聲名掃地。然而，對於這樣的弊害，唯一的終極對策，仍是提升大眾對各種事物的容忍度。而增加容忍度的最佳方法，則是讓享受眞正幸福的人愈來愈多，如此一來，施加痛苦在其他人身上，就不會成爲人們生活裡重要的樂趣所在。

第二部

幸福人生的緣由

第十章　幸福還可能嗎？

直到目前爲止，我們都在審視不快樂之人的種種面向；而從現在開始我們的任務會較爲輕鬆，要來思考快樂之人的特質。從與某些友人的談話，或從閱讀他們的著作中，幾乎使我獲致以下結論：在現代世界中，幸福已成難如登天之事。然而，我發現如此觀點很容易經由心理內省、異國旅行，或與我的園丁交談，而被拋諸腦後。在之前的章節中，我已經思索了那些文化界友人鬱悶不快的現狀；而在本章中，我希望回顧我這一生所遇見的快樂的人，並對他們的生活進行考察。

幸福可分爲兩種，儘管想當然爾，這兩者之間還存在有各種程度不同的可能分類。我所指的兩種不同的幸福，可以區分爲單純與繁複，或是物質性與精神性，或是感性與理性。在這些不同的對立組中，要選擇哪一組，當然取決於所抱持的論點而定，而且論點還需要經過論證。但我此刻並不想去證明哪一種論點較爲適切，而僅關心描述問題。或許，描述這兩種幸福的差異點，最簡單的方式是去指出，其中一種每個人都能享有，而另一種則僅屬於具有讀寫能力的人。在我年幼時，我認識一個始終笑逐顏開的人，他的工作是挖井。他的身材魁梧，肌肉結實有力；他幾乎不懂讀寫；一八八五年的國會大選，他可以投票，才生平第一次得知有這樣的機構存在。他的幸福感並非來自於知識資源；他並非基於對自然法則的信仰，或物種的完美發展，或公用設施的國有權，或基督復臨安息日會的最終勝利，或任何知識分子認爲對於享受生命所必要的主義教條——才感到欣喜愜意。他之所以常保歡天喜地的心情，是基於旺盛的活力、足夠的勞動，與克服奇岩怪石這種並非難以解決的工作障礙。我所雇用的園丁，他的幸福感也屬於同一類別。他終年不斷發起對抗野兔的戰爭；他抱怨野兔的口吻，一如倫敦警察廳談論布爾什維克分子；他認爲，野兔個個陰險惡毒、工於心計，並且野蠻殘忍；而爲了與牠們展開作戰，必須使出狡猾奸詐的手段，以其道還治其人。就像北歐神話英靈神殿（Valhalla）裡的那些英雄，他們每天都在獵捕某種野豬，每天晚上都在宰殺野豬，但隔天一早這些野豬又會奇蹟式地再度復活，我的園丁就像這些英雄一樣，每天都在宰殺他的敵人，而且完全不擔心敵人隔天就會消失。雖然他已經年逾七十，但他鎮日工作，每天騎單車往返工作都要各騎上起伏不平的十六英里路程，然而他的喜悅之泉從不枯竭，因爲那些「野兔崽子」一直無限供應。

◎不過，你會說，這些單純的喜樂並不適用於像我們這種「上等人」。對弱小如兔子的動物宣戰，到底可以從中獲得什麼喜悅？就我而言，如此的論調並不足取。一隻兔子遠比黃熱病病毒大上許多，但上等人卻可以從對抗這種渺小的傳染病病毒中獲得快樂。就所涉及的情感內容而言，我的園丁所享受到的這種樂趣，同樣適用於教育水準最高的人們。由教育所造成的差異，僅與獲得這些樂趣所從事的活動有關。由完成任務的成就感所取得的快樂，先決條件是任務具有一定的困難度，亦即，儘管最後通常都能獲得成功，但在事前，當事人會以爲事情成功與否值得懷疑。這或許也是爲何對自身實力的謹慎評估，可以成爲快樂來源的主要理由。成功總是會震驚低估自己的人，一如失敗經常會使高估自己的人吃驚。前者的驚訝是喜悅，後者則是不悅。因此，明智的做法是不要過度自負，不過也切莫太過謙虛以致失去了進取心。

◎就社會中教育水準較高的人們來說，現今最幸福的人非科學家莫屬。他們當中許多最優異的人，情感傾向質樸單純，可以從工作中達致心滿意足的境界，以至於他們也能從用餐，甚至從婚姻中獲得快樂。藝術家與文人認爲，婚姻不幸是人際風俗上的必然結果，但是科學家卻相當經常能夠保有老派的居家幸福。如此傾向的理由是，科學家在較高的智識層次上完全獻身於工作之中，他們不允許自己闖入自己無用武之地的領域。他們之所以工作愉快，是因為，科學在現代世界享有折服眾人的進步名聲，無論是科學家本人或門外漢皆無人質疑科學的重要性。複雜的情感因此在科學家身上根本無法立足，因為，如果眼前沒有任何阻礙，人們便只會產生簡單的情感。情感的複雜性如同河水的泡沫；當水流遇上阻礙，無法順暢奔流，泡沫就會產生。只要律動的能量不受阻攔，水面就會波瀾不興，不稍加留意的人根本看不出它的力道。

◎

科學家的人生可說滿足了幸福的所有條件。他所從事的活動可以充分動用他的才幹，而他所達成的成果，不僅對他本人具有意義，也能獲得一般大眾的認可，即使大眾毫不理解其中奧妙亦然。就此而言，科學家遠比藝術家走運。當大眾無法理解一幅畫或一首詩，他們會遽下論斷，說這幅畫或這首詩糟糕無比。但是當他們不懂相對論的學說，他們會（正確無誤地）斷定，自己所受的教育不足。所以，愛因斯坦備受尊敬，而首屈一指的畫家則孤單窩在閣樓裡挨餓受凍（或至少有一段時間如此）；愛因斯坦無憂無慮，而畫家則愁雲慘霧。假使生活中必須不斷堅持自我以對抗來自大眾懷疑的眼光，除非能夠封閉自我，躲進同好團體中取暖，以忘記冷酷的外在世界，不然鮮少有人能夠眞正快樂。科學家不需要志同道合的小團體，因爲，除開他的同事之外，所有人都認爲他不同凡響。相反地，藝術家則處境痛苦，不得不在成爲被討厭的人與成爲可鄙的人兩者間進行選擇。假使他的才情數一數二，他必定會遭受這兩種厄運中的其中一種——如果能發揮所長，他就會是前者，而如果他鋒芒不顯，則會是後者。然而，他們的情況並非一直如此慘不忍睹。在有些時代中，優秀的藝術家，甚至年紀尚輕者，也會受到看重。雖然教宗儒略二世（Julius II）也許惡待了米開朗基羅，卻從未認爲他的繪畫能力不値一提。當代的百萬富翁也許會大筆犒賞已經失去才華的年邁藝術家，卻從不認爲他們的奮鬥與自己的努力可以相提並論。或許這些情況皆與藝術家普遍而言比科學家較不快樂的事實有關。

我認爲，必須承認在西方國家中，最聰穎的年輕人由於找不到可以切合自身長才的工作，因而容易陷入同樣的鬱悶之中。然而，東方國家則並非如此。今日具有才智的年輕人，大概身處俄羅斯會比身處世界上其他地方來得快活。那裡有一個企待創造的新世界，而且他們擁有與創造新天地相應的熱烈信念。老一輩的人都已經被處決、被餓死、被流放，或是以某些其他方式被洗腦消毒了，以至於，他們無法如同每一個西方國家中的老人一般，迫使年輕人要不選擇傷害彼此，要不選擇無所事事。對於世故的西方人，俄羅斯的年輕人所懷抱的信念可能顯得粗野不文，但是我們終究有何立場得以說三道四？他們正在開創新世界，一個符合他們偏愛的新天地；這個新世界一旦被創造出來，幾乎肯定會使一般的俄羅斯人比起在革命之前要更爲快樂。也許那並非是個世故的西方知識分子會感到快樂的世界，但是世故的西方知識分子並不需要生活在其中。因此，任何來自現實的考驗，都足以證明俄羅斯年輕人的信念是合理的主張，除非我們能夠基於某種理論基礎去進行申論，不然直接譴責他們的信念粗野不文根本毫無正當性。

在印度、中國與日本，政局的外部形勢妨礙了年輕知識分子的幸福，但是在這些國家並沒有如同西方所存在的內部障礙。有一些活動對年輕人堪屬重要，只要這些活動得以成功，年輕人就會心滿意足。這些年輕人認爲，他們在民族生存中扮演重要角色，他們追求著儘管困難卻不無實現可能的目標。西方教育水準最高的年輕男女中，所常見的憤世嫉俗態度，是生活安逸結合無力感所造成的現象。無力感會使人感到沒有值得一搏之事，而安逸的生活則讓他們可以容忍這種痛苦的感受。比起現代西方的大學生，整個東方國度的大學生皆希望自己能對公共輿論施加更多的影響力，但是他們卻較無機會能夠獲得安穩的實質收入。不過，由於他們既沒有無力感，生活也不安逸，所以他們成爲改革者或革命家，而非憤世嫉俗的人。改革者或革命家的幸福繫於公共事務的進程，但或許即便是在面臨處決之際，他們也能比安逸的憤世嫉俗者享有更爲眞實的豁達與快樂。我記得曾有一名年輕的中國學者來拜訪我的學校，他說他回國後要在中國的一個反動地區創建一所相同的學校。他預期事情的結果將使他人頭落地，但是卻一臉怡然自得，使我不得不感到欣羨。

然而，我並不希望暗示，這類極具戲劇性的幸福，是唯一可能的幸福之道。事實上，這種快樂僅適用於少數人，因爲它要求當事人具有某種才幹與開闊的興趣，一般人恐力有未逮。然而，不會只有聞名遐爾的科學家才能從研究中獲得樂趣，同樣地，也不會只有卓爾不群的政治人物才能從推動公眾事務中感到欣慰。來自工作的愉悅感，開放給任一個能夠發展出某項特殊技能的人，只要他能從展現他的技能的活動中得到滿足，而不要求舉世的喝采。我曾經認識一名年輕時即雙腿失能的人，但他在漫長的一生中都保持著春風滿面的安詳心情；他之所以能達到如此境界，是由於他針針對玫瑰枝枯病寫作了五冊書，我始終欽佩他是這方面的權威專家。我未能有幸認識許多貝類學家，但從認識他們的人那理解到，有關貝殼的研究，可以帶給投身其中的人愉快的滿足感。我也遇過一名舉世最傑出的排版師傅，他是那些獻身於開發藝術字體的人所傾慕的人物；他所獲得的喜悅，與其說是來自人們眞心的敬重——那些仰慕他的人並非隨口說說——毋寧比較來自於，他操作這一門特殊技術時所實際感到的歡喜；這種歡快感與優異的舞者從舞蹈中所獲得的感受，並非截然相異。我也認識其他排版高手，他們在排放數學字體、書寫字體、楔形文字或其他任何奇怪又困難的鉛字時，技術表現出類拔萃。我並不知道這些師傅的私生活是否幸福，但是在工作期間，他們的建構長才顯然充分獲得滿足。

在我們這樣的機械年代，人們通常會認爲，比起從前，工匠可以從技術性勞動中獲得樂趣的空間已經減少許多。我毫不認爲此說爲眞。確實，今日技藝純熟的工匠正致力於其中的事務，與中世紀同業公會所關心的項目相當不同，但他們在這個機械化經濟系統中仍舊佔有重要的一席之地。有些技術性工人從事科學儀器與精密機器的製造；有些人是設計師、飛機技工或汽車司機；還有許多掌握各門手藝的人，他們的技術發展依舊不可限量。

就我所能觀察的範圍而言，處於相對上較爲落後社會中的農業工人與農夫，幾乎不像汽車司機或火車駕駛員那般快樂。確實，一名耕作自己田地的農夫，他從事的工作項目可說種類繁多：他需要犁地、播種與採收。但是他只能任由大自然的擺布，他深知自己的依賴性，不過，操作現代機械的人卻自覺於自己的掌控力，知道人是大自然力量的主人而非奴隸。當然，對大部分只是照管機器的人來說，一而再地重複操作機器，所牽涉的步驟少有變化，這的確並非有趣的工作，但是只要工作變得愈無趣，就愈有可能改由機器接手。機械化生產的最終目標——迄今距離達成目標確實還頗遙遠——是打造一個系統，讓每一件乏味無趣的工作皆由機器來完成，而人類則專門去處理具變化性與開創性的任務。比起自從引入農業活動後的任何時期，在如此的世界中，工作將比較不會令人無聊與沮喪。人類在採取農耕活動之際，就決定要忍受單調無聊之苦，以降低飢荒的風險。在人類仍然依賴狩獵獲取食物之時，工作充滿歡快的氣氛；這從富人現在依然從事這些祖先的活動作爲消遣，即可見一斑。但是在引進農業後，人類邁入了心胸狹窄、陰鬱痛苦、愚蠢瘋狂的漫長時期，如今只能依賴大有裨益的機械運作，才能擺脫這些不幸。多愁善感的人們會談及人與土地的接觸，以及哈代（Thomas Hardy）作品中那些富哲思的農夫所啓發的圓融智慧，這些論調皆頗有見地，但是，每一個鄉村年輕人的唯一願望，卻是去城鎮覓職，以讓他們能夠逃離風雨天候與孤寂的陰沉冬夜的作弄，走進工廠與電影院中去享受讓人安心的人性氣氛。一般人獲得幸福的根本因子是伙伴情誼與人際互助，而這在工業活動中，遠比在農業活動中，更爲唾手可得。

對大多數人來說，擁有崇高目標的信念是人生幸福的來源。我所談論的人，不僅包括在受壓迫國度中的革命家、社會主義人士、民族主義者等；我所思考的對象，也包含許多信念上較無如此遠大的人。我認識那種相信英格蘭人是消失的十大氏族的人，幾乎個個始終興高采烈，而對於那些相信英格蘭人特別是以法蓮（Ephraim）與瑪拿西（Manasseh）氏族後裔的人，他們的狂喜更是無以復加。我並非建議讀者應該採納這樣的信條，因爲我沒辦法去倡導，任何似乎奠基於對我而言虛假的信念而來的幸福。出於同樣的理由，我也無法催促讀者去相信，人應該完全依靠怪癖過日子，雖然，就我的觀察，這樣的信念確實保證當事人能夠快樂無比。要覓得毫不古怪的主張其實並不難，而凡是眞心關注這些主張的人，都能在空閒時段擁有打發時間的活動，那也是撫平虛空人生感受的好對策。

與獻身於一些難解的主張相距不遠的活動是，認眞經營嗜好。當今最知名的一位數學家，他將自己的時間平均分給數學與集郵。我想像，當他在研究數學上毫無進展時，就會從集郵活動上獲得慰藉。集郵能夠撫慰的哀傷，並非只有數字理論命題證明上的困難，而且，能夠收集的東西也並非只有郵票而已。想想看，當一個人專注在古瓷器、鼻煙盒、古羅馬錢幣、弓箭頭、燧石器等物件之上，因而激發出無窮的想像力，可以帶來多大的狂喜之情。確實，對於如此單純的樂趣，我們當中許多人都顯得太「上等人」了。我們在少年時期都曾經體驗過這類樂趣，但出於某種理由，卻認爲它已經不再適合成人了。這堪稱大錯特錯；任何不會傷害到其他人的樂趣，都值得尊重。就我而言，我收集河流；我從窩瓦河（Volga）順流而下，從長江逆流而上，都感到欣喜暢快；我相當遺憾還未見識過亞馬遜河或奧利諾科河（Orinoco）。這種情感儘管單純質樸，但我並不以爲恥。不然，我們可以審視一下棒球迷那種充滿激情的歡欣情緒：他們迫不亟待地打開報紙；而收音機的轉播使他們整個人激動亢奮。我還記得首次遇見美國一名數一數二的文學家的情景；從閱讀這個人的著作，我先入爲主地假定他是個性格憂鬱的文人。但是，相當湊巧，在我們會面那一刻，收音機正在播報一場重大棒球賽事的結果；當下這名文學家完全忘了我的存在，也忘了文學與其他所有的塵世哀愁，當他支持的球隊獲勝時，他發出狂喜的歡呼。自從這起事件以後，我就可以在覽讀他的作品時，不會因爲他筆下人物的悽慘命運而感到沮喪。

◎然而，在許多情況下，或許在大多數的情況下，這種狂熱的愛好與嗜好並非是根本幸福的來源；它反而是逃離現實的方法，讓人暫時遺忘太難以面對的某些痛苦。根本上的幸福最仰賴一件事，或許可以稱之爲對人與物的友善興趣。

◎對人的友善興趣，是一種溫柔愛意的形式；它不是那種貪婪的、佔有式的情感，也不會一直尋求來自對方的強有力的回應。後者這種情感形式，經常會是人們不快樂的肇因。而前者那種能夠有助於幸福的情感形式，只是喜歡觀察別人，從他人的個人特質中發覺樂趣，希望可以對所接觸到的人們，爲他們的興趣與快樂提供機會，而不會渴望獲得控制他們的權力，或者企圖確保他們對自己的欽佩與讚賞。對別人所採取的態度，假如眞能屬於這一種情感形式，這樣的人將會帶給他人快樂，而他也會收到善意的回報。他與別人的關係，無論隨意或認眞，都將滿足他的興趣面與情感面的需求；

他不會因爲對方忘恩負義而快快不樂，因爲他鮮少遭受這樣的事，就算遇上了，他也不會在意。那種會惹毛他人甚至讓人發怒的人，對他來說，卻會成爲某種溫和樂趣的來源。他不費工夫就能獲得的成果，對其他人來說，可能經過漫長的奮鬥後，還發現自己力有未逮。由於他常保喜樂，他會是個讓人愉快的同伴，而這將進一步增加他的幸福感。但這一切必須發自眞心；它不能產生自某種，由責任感所啓發而來的自我犧牲想法。責任感對工作有用，但在人際關係中卻令人不快。人們會希望自己被喜歡，而不是對方帶著屈從的耐心忍受著自己。在造就個人幸福的所有因素中，能夠自然而然、不費力氣地喜歡許多人，或許是最關鍵的因子。

我稍早前也提到了，一種我稱之爲對事物的友善興趣。這句話似乎顯得有些勉強，它或許是在暗示，我們不可能做到對事物保持友善的興趣。然而，在地質學家面對岩石或考古學家面對廢墟遺址時，他們的興趣卻有某種與友善的相似之處，而這種興趣，應該成爲我們對其他個體或社會所抱持的態度中的一個成分。我們也有可能對具有敵意而非友善的事物，產生某種興趣。比如，有人可能會收集有關蜘蛛的棲息地的訊息，因爲他討厭蜘蛛，希望自己住在牠們鮮少出沒的地方。這種興趣便無法提供如同地質學家研究岩石時所獲得的那種滿足感。對無生命的事物所表現的興趣，儘管就打造日常的幸福來說，比起我們對於其他人們懷抱友善態度，或許比較不具價值，但是它卻極具重要性。世界如此廣袤無邊，而我們自身的力量卻有其極限。假使我們的幸福全然相連於我們的人際條件，那麼，我們很難不對他人要求更多，多過他人可以給予我們的事物。索求過多，最終只會保證我們獲得的事物少之又少。想藉由對比如說特利騰大公會議或星球生命史抱持眞正興趣，因而忘掉自身煩憂的人，他會發現，當他暢遊無生命世界並返回現實後，他的心境會感到平和安詳，使他有能力以最佳方式去處理日常煩惱，而同時間，他也會體驗到一種即便短暫卻依舊眞實的幸福。

◎　幸福的秘訣正在於：讓你感興趣的範圍愈廣愈好，而對感興趣的人與物，你的反應要盡可能保持友善而非敵意。

◎　本章是針對幸福人生的初步考察，而在接下來的章節中，將予以詳盡闡釋；對於如何逃離苦惱心理的成因，我也將提供有用的建議。

第十一章 熱情

◎對我而言，快樂的人最普遍、最獨特的特徵，非「熱情」莫屬。本章將予以討論。

◎或許了解熱情意謂爲何的最佳方式，是去審視人們入坐用餐時的各種行爲舉止。首先，有些人覺得吃飯只是一樁無聊的事；無論餐點多麼令人垂涎，都引不起他們的興致。他們此前即品嚐過美味佳餚，也許甚至每一餐都是山珍海味；他們除非飢腸轆轆到了一如惡虎撲狼的程度，不然永遠不會了解挨餓的滋味；他們只把用餐看成慣常會發生的事件，由他們生活其中的社會習俗所決定。一如所有其他事情，用餐乏味無趣，而抱怨也無濟於事，因爲其他事情也沒有比較不令人厭煩。其次，有一些體弱多病的人，他們的飲食是出於對身體的責任感，因爲醫生叮囑他們務必吸收營養以便保有體力。另外，還有一些美食家，他們在用餐前食指大動，後來卻覺得沒有一盤菜餚經過認眞烹煮，通通失去了該有的美味。再則，還有些人習慣狼吞虎嚥，他們以狂熱的食慾箸如雨下，暴飲暴食，最後導致整個人肥胖臃腫，睡覺時鼾聲如雷。最後，還有一些人在用餐前胃口良好，開心享受眼前美食，吃到覺得足夠時就心滿意足離席。以上這些在人生盛宴之前的眾生相，正顯示出每個人對人生所給予的美好事物所抱持的態度。快樂的人屬於我們所列出的最後一種用餐者。飢餓與食物的關係，一如熱情與人生的關係。對用餐感到厭煩的人，相當於深受拜倫式鬱悶折磨的人。依照責任感進食的體弱多病者，相當於禁慾主義者；狼吞虎嚥的人，相當於驕奢淫逸之徒。美食家則屬於那種挑剔成性的人，他們譴責生活中大半的樂趣盡皆醜陋無比。詭異的是，可能除了狼吞虎嚥者之外，其他所有類型的用餐者皆鄙視胃口良好的人，並認為自己比好胃口的人高尚。對他們來說，因為飢餓而享受美食，或是因為生活提供了琳瑯滿目的精彩奇觀與驚喜經驗而享受人生，皆屬粗俗之舉。他們從高高在上的醒悟視角，俯瞰那些他們所蔑視的頭腦簡單之人。就我而言，我毫不贊同如此的觀點。我以為，所有對人生幻滅的看法都是種缺陷；確實，某些生活狀況會使人不可避免產生這樣的看法，但是，無論如何，一旦浮現如此的看法，我們應該想辦法盡可能去矯正它，而非將它視為是一種更為崇高的智慧。假設某個人喜歡草莓，而另一個人不喜歡；試問在哪一方面，後者更為優秀？並沒有任何抽象客觀的證據，足以顯示草莓是好是壞。對於喜歡的人，草莓是好的，而對於不喜歡的人，草莓就是壞的。但是喜歡草莓的人享有另一人所無法享受的樂趣；就這點看來，前者的人生更爲多彩多姿，他更好地適應了這個兩人皆必須生活其中的世界。在這個微不足道的例子中顚撲不破的道理，同樣適用於其他更爲重要的事情上。享受觀看足球比賽的人，就同樣這點看來，比起不喜歡的人更有優勢，而享受閱讀的人，比起不喜歡的人甚至有更多優勢，因爲，閱讀的機會遠比看球賽的機會還要多上許多。一個人感興趣的事物愈多，他擁有幸福的可能性也愈高，而他任由命運擺布的機率也愈低，因爲，假使他失去了其中一項愛好，還可以退而求其次，依賴另一項興趣。人生太短暫，無法對每一樣事物都感興趣，但是，如果我們感興趣的事物多到足以填滿生活，那就再好不過了。我們所有人皆傾向於染上性格內向者的缺陷；這種人即便豐富多彩的世界景致在他眼前開展，他也會別過眼去，僅只凝視內在的虛空。不過，我們現在應該停止想像，在性格內向者的鬱悶當中存在有任何偉大的事物。

很久很久以前，有兩部精巧設計的香腸機器；這兩部機器都是爲了將豬變成最美味的香腸而打造出來的。其中一部機器，依舊維持著對豬的熱情，產製無數的香腸，而另一部機器則說：「豬對我有什麼意思？我本身的運作遠比任何豬都更有趣、更美妙。」他拒絕了豬，開始研究他本身運轉的內在機制。由於缺乏原料輸入，他的內部於是停止運轉；他愈是鑽研內部機轉，愈是覺得內部顯得既空虛又愚蠢。迄今為止執行美味轉化功能的整部裝置停止不動，這使他感到困惑，心想自己這部機器所擁有的能力到底為何。這第二部香腸機器，一如喪失了熱情的人，而第一部機器，則與持續保有熱情的人相彷。我們的心理構造正如同一部奇妙的機器，能以最出人意表的方式結合所有提供給它的素材，但是，如果沒有從外在世界輸入原料，它將無用武之地；而與香腸機器不同的是，我們的心理結構必須主動去獲取它所需的原料，因為，任何事件唯有經由我們投注其上的興趣，才能變成經驗：假使我們對事件不感興趣，它就無法對我們產生意義。因此，將注意力投注於內在的人會發覺，自己的內心毫無值得留意的事物，而那些將注意力投注於外界的人，在他檢視自己靈魂的罕見時刻中，將發現他的內心存在著各種變化多端、多彩多姿的成分，而這些成分拆解並重組成了各種美麗或有益的圖像。

熱情的形式不勝枚舉。你可能還記得，夏洛克．福爾摩斯在某條街上看見一頂遺落在地上的帽子。他撿起帽子，審視它一會兒後，評論道，帽子的主人由於酗酒而失魂落魄，而他的妻子則已不再像從前那般愛他。偶然的事物居然可以提供給人如此豐富的樂趣；對於這樣的人，生活將永遠不會無聊厭煩。讓我們思考一下，在鄉間散步的路途上可以留意哪些事物。有人會對鳥兒感興趣，有人喜歡觀察植物，有人在意地質學的訊息，有人則關注農業現象。這些事物的任一項，只要能使你感興趣，就會是趣味盎然的對象，而其他的事物也同樣如此；對任何其中一個項目感興趣的人，將會比毫無興趣的人，能夠更好地適應這個世界。

令人驚訝的是，不同的人對他們的同類所抱持的態度，竟也如此天差地別！在乘坐長途火車期間，有人會對同車的所有乘客皆完全視而不見，有人則可以概述出其他每個乘客，分析他們的性格、敏銳地猜測出他們的處境，甚至還可以確認其中幾個人的私密故事。人們對他人的感受有多不同，他們對他人的認定就有多不同。有些人覺得幾乎人人都是無聊之輩，有些人則可以快且容易地與所接觸的人發展出友善的關係，除非存在有某些明確的理由使人產生別種感受。再以旅遊爲例來說明；有些人遊歷許多國家，總是下榻最好的飯店，品嚐與國內一模一樣的美食，與在國內就會來往的同一批無所事事的富人見面，交談話題則與在自家晚餐桌上的閒聊內容完全相同。當他們返抵國門，僅會有一種感受——如釋重負，因為，他們已經結束了一整趟昂貴旅遊所加諸的無聊厭煩。另外有些人無論前往何地遊覽獨特美景，都會結交足堪代表當地的人士，觀察興趣所在之處（無論歷史性或社會性），品嚐在地美食，學習當地的禮俗與語言，然後在返國之際，滿載嶄新的有趣想法，可以在冬夜細細回味。

在所有這些不同處境中，對人生充滿熱情的人擁有那些毫無熱望者所沒有的優勢。甚至不愉快的經驗也能對他們有所助益。我很高興曾遭遇蜂擁的中國人群與去過一座西西里的村莊，即便我無法假裝自己當下的體驗有多快樂。喜歡冒險的人會享受船難、暴動、地震、野火與所有種類的不快經驗，只要事件經驗不會嚴重到傷及人命的地步。比如，遇上地震，他們會對自己說：「原來地震的感覺是像這樣……」，而這會帶給他們快樂，因為他們對於世界的知識又增加了一個新項目。去說這樣的人不用受到命運的擺布，可能並不正確，因為，假使他們的健康受損，他們的熱情也極可能在同時間化為烏有——雖然這一點我也並非百分百確定。我認識一些在死前已長年受折磨痛苦的人，但他們直到臨終之際，熱情依舊不減當年。有些形式的體弱多病會摧毀熱情，有些形式不會。我不知道今日的生化學家能否辨別其間的差異何在。或許當生物化學取得更多進展時，我們所有人將能夠服下藥片以確保我們對萬事萬物皆感興趣，但是，直到那一天到來前，我們不得不仰賴對人生的常識性觀察來藉以判斷，某些人能對一切感興趣，其他人卻對一切皆毫無興致，這兩者的肇因究竟為何。

◎

熱情的對象有時是廣泛的，有時是特殊的。熱情確實可以非常特殊。作家伯羅（George Borrow）的讀者可能還記得，出現在《文字大師》（*Lavengro*）一書中的某個人物。這個男人失去了他摯愛的妻子，有一段時間，他發覺人生愈來愈無聊乏味。不過，由於他是一名茶葉商人，為了忍耐煩悶的生活，他獨力自學他所經手的茶葉箱子上的漢字。結果，這給了他機會，發展出生活的新興趣，他開始熱中於研究任何涉及中國的事物。我認識某些人全心埋首於探索異教靈知派的秘密，而有些人的主要興趣則是校對霍布斯（Thomas Hobbes）的手稿與著作的早期版本。想預先猜測人們的興趣何在，並非易事，但大多數人都有能力培養對某事某物的濃厚興趣；只要他們挑起了對某項興趣的熱情，生活就可以擺脫沉悶單調。然而，比起在人生中抱持普遍的熱情，極端特化的興趣較難成為通往幸福的圓滿途徑，因為它幾乎難以填滿人們一生的時間，而且始終存在一種風險：有一天，人們可能會發現，對於這個已經成為嗜好的特殊事物，一切該知道的內容都已經瞭然於心，不再有新東西了。

◎我們應該還記得，在幾種不同的用餐眾生相中，包含有不受到好評的狼吞虎嚥者。讀者可能納悶，我們所讚揚的熱情之人，在定義上，看起來與貪食者並無多大不同。我們現在將試著較為明確地辨別這兩者的差異。

◎眾所皆知，古人將節制視為重要美德之一。在浪漫主義與法國大革命的影響下，許多人放棄了這個觀點，頌讚勢所難敵的澎湃激情，即使它帶有摧毀性與反社會的傾向，如同拜倫筆下人物所展示的那種激盪情感，依然大獲讚賞。然而，古人的見解無疑正確無誤。美好的人生應該在幾種不同的活動中取得平衡，而不應該獨沽一味，蠶食鯨吞其他項目的發展空間。貪食者犧牲了所有其他樂趣，獨尊美食一味，這將導致人生的總體幸福感下降。除開飲食之外，許多其他類型的激情也都同樣有表現過度的可能。約瑟芬皇后（Empress Josephine）在服裝方面，可說就像個貪食者。一開始，拿破崙照例支付裁縫師傅的帳單，儘管他的抱怨有增無減。最後，他告訴約瑟芬，她應該要學習節制的美德，往後他將僅支付款項看起來合理的帳單。當約瑟芬接下來收到來自裁縫的帳單時，一時之間不知所措，最後心生一計。她找來戰爭大臣，要求對方從準備支應開戰需求的基金中，撥款幫她支付帳單。大臣明白皇后有權開除他，於是應允了要求，結果卻導致法國失去了熱那亞。雖然至少有幾本書提及此事，但我並不準備為這個傳聞的眞實性背書。不過，這個故事無論情節眞實不欺或經過誇大，都同樣適用於我們的目的，因為，它正好顯示出，對服裝的激情，有可能讓有機會縱容自己的女人恣意妄為到怎樣的程度。酒癮患者與色情狂也是相同類型的顯著例子。主導這些事例的原則顯而易見。我們一個個不同的興趣與慾望，必須切合人生的一般性框架。假使這些興趣與慾望可能成為幸福的泉源，那麼就必須與我們的健康、我們所愛之人的情感，以及與我們生活其中的社會所關心的重點等相容不悖。有些激情幾乎能讓人任意沉溺其中，而不會超越這些限制，而有些則否。比如，喜歡玩西洋棋的人，假使他碰巧是個生計無虞的單身漢，那麼他完全無須對自己的熱情設限，然而，假使他有妻兒，而且並無恆產，那麼他就不得不嚴格管控他的興趣。即使酒癮患者與貪食者都沒有其他重要的社會關係，但從自利的觀點來看，兩者卻皆屬不明智的人，因為，他們的沉湎行徑妨礙了自身的健康；他們僅僅為了短暫的享樂，而付出永久的痛苦。人生的一般性框架是由若干元素所構成，任何個別的激情愛好皆必須落居其中，才不會成爲苦惱的來源。如此的元素包括有：個人的健康、個人所擁有的一般性才能、足供生活所需的收入，與最根本的社會責任（比如，扶養妻兒的責任）。爲了玩棋而犧牲了這些事物的人，在本質上與酒癮患者的墮落無異。而我們並不會嚴厲譴責他的唯一理由是：這種個案遠遠較爲少見，而且，唯有多少具備罕見資質的人，才可能放縱自己著迷於如此需要智力的遊戲。希臘有關節制的人生哲理，實際上也含括這些個案在內。熱愛下棋的人在白天上班期間，期待晚上可以去參加棋賽，這樣的人是幸運的，然而，放棄工作以便整天玩棋的人，就喪失了節制的美德。有書上記載，托爾斯泰在尚未覺醒的年輕時期，因戰場上的英勇表現而獲頒陸軍十字勳章，但是到了必須前往領獎的時間，他因爲正如此聚精會神地在下一盤棋，於是決定缺席不去。在這一點上，我們幾乎不會覺得托爾斯泰犯錯，因爲，對他而言，能否獲得軍事獎章，也許根本無關緊要；但是，如果一名表現平平的人這麼做，就會被認爲蠢不可及。

◎

若要對前述的人生框架原則設限的話，那麼應當承認，人們會爲了表現出某些公認的高貴行爲，而去合理化其他一切的犧牲。爲了保家衛國犧牲生命的男人，如果因此使得妻兒一貧如洗，並不會受到責難。預期自己會有偉大的科學發現或創新，因而投入實驗研究的人，只要他的努力最終獲得成功的榮耀，之後並不會由於讓家人忍受貧困的生活而受到譴責。然而，假使他一直無法順利獲得他所追求的科學發現或創新，輿論就會指責他性格怪異，雖然這聽起來並不公正，因爲，投入如此研究事業的人，沒有人可以事先保證一帆風順。在第一個千禧年期間，一個爲了神聖信仰而拋妻棄子的人會備受讚譽，雖然現在的人們會主張，他應該預先爲妻兒準備生活所需，再踏上自己的信仰之旅。

◎

我認爲，在貪食者與胃口健全者之間，始終存在某些根深蒂固的心理差異。一個不顧一切其他慾望，只讓某個慾望過度運轉的人，心中通常深植著某些困擾；這些人努力想逃脫某種恐懼魅影的糾纏。就酒癮患者的例子來說，這種現象清楚可見：喝酒是爲了遺忘。若非心中有鬼，他們將不會覺得酩酊大醉比神智清醒來得令人愉快。如同那名傳說中的中國人所講的名言：「我呢，不會爲喝而喝，我只爲了喝醉才喝」，這是所有過度與不均衡的激情表現的典型寫照。這樣的人所尋求的並非是對象本身（比如喝酒）的樂趣所在，他們的眞正目標是忘卻自我。然而，出之以酒醉形式的遺忘，或是，當事人經由本身的意願，行使自身的理性能力來達成的遺忘，這兩者之間迥然有別。伯羅的作品中那個自學中文以便能夠忍受喪妻之痛的友人，他所尋求的正是遺忘，但是他所透過的活動卻完全不具傷害性，而恰恰相反，還增進了他的智慧與知識。我們毫無理由要去反對如此的逃避形式，但是，對於從酗酒、賭博或其他徒勞無益的刺激形式中尋求逃避的人，則不然。事實上，還存在有一些模稜兩可的事例。我們應該怎麼談論，那些因爲厭恨自己的人生，因而瘋狂冒險搭飛機或攻百岳登頂的人呢？假使他們的冒險有益於公共目標，我們可能不吝讚美，但是如果並非如此，我們就不得不把他們看成僅僅比賭徒與醉漢高尙一點點的人而已。

眞正的熱情——並非只爲追尋遺忘的那種渴求——它是人類天性的組成成分，只有遭受到不幸的環境破壞，才會功能不彰。幼童幾乎對每件聽到與見到的事物，都感到津津有味；世界對他們來說充滿驚奇，他們始終興高采烈想要探知一切，當然，並非是想要了解那種學校教育式的知識，而是希望對那些吸引他們注意的事物，獲得能夠增進熟悉感的知識。動物即便已經成年，只要牠們依然身強體健，就仍能保有熱情。一隻貓走進一間不熟悉的房間中，直到牠嗅聞過各個角落，確認不會在哪兒出現老鼠的氣味之後，才會蹲坐下來。基本上，從未遭受挫敗的人，更能保持對外在世界的自然熱情，而只要他持續保有如此熱望，除非自由受到箝制，不然他必會覓得生活的樂趣。在文明社會中，攸關我們生活方式的必要自由受到了限制，正是造成人們喪失熱情的一大緣由。未開化部落的人在飢餓時會去打獵，他們如此的行爲聽命於直接的衝動。而在每天早晨的某個固定時間去上班的人，基本上也受制於相同的衝動，亦即確保生計無虞的需求，但是，在現代情況中，衝動並非在被感受的當下直接啓動運作；它是經由抽象觀念、信念與意志力，從而間接性地運作開來。當上班族在辦公室中展開一天工作的那一刻，他並不感到飢餓，因爲稍早前才用過早餐。他只是知道，飢餓會反覆出現，而去工作上班是解除未來飢餓的對策。衝動的出現並沒有規律性，而文明社會的生活習慣，卻必須擁有規律性。對未開化部落的人來說，即便是集體性的行動（假使存在的話），也兼具著自發性與衝動。當部落要對外開戰，隆隆鼓聲激起作戰熱情，眾人的亢奮激勵每個人展開必需的行動。但是，現代的行動計畫，卻無法以相同方式來進行。當火車必須在某個既定時間啓程出發，我們不可能還去使用野性音樂來激發行李搬運工、火車駕駛員、鐵路信號員的行動力。這些員工每一個皆必須善盡其職，因爲理當如此。也就是說，他們的動機是間接的：他們毫無任何朝向該行動的衝動，而只有朝向該行動之最終報償的驅動力。社會生活中大部分的活動皆有與此相同的缺陷。人們彼此交談，並非出自談話的意願，而是因爲他們希望可以從彼此的協力合作中獲得某些利益。文明人在生活的每一時刻裡，他們的衝動皆受到重重限制：當某個人碰巧感到心花怒放，卻完全不能當街載歌載舞，而當他突然陷入哀傷，也不能坐在人行道上哭泣，因爲有妨礙其他行人通行之虞。文明人在年輕時，個人自由受到學校節制；而步入成人階段後，他的自由則受限於工作時間。這一切皆使人們很難保有熱情，因爲，持續不斷的約束容易導致疲乏與厭煩。然而，假若沒有大幅度節制自發性衝動的話，文明社會又將無法運作，因爲，自發性衝動僅能產生最簡單的社會合作形式，無法滿足現代經濟所要求的那種高度複雜的組織。爲了超越這些阻攔熱情的障礙，人們需要良好的健康與充沛的精力，或者，如果運氣夠好，找到感興趣的工作，而能夠出於對工作的熱情而埋首其中。依統計數據顯示，在最近這一百年間，所有文明化國家的人們，健康狀況皆持續獲得改善，但是，人的精力難以測量，而我不免懷疑，人們處於健康時期的精力旺盛程度，是否仍舊與以前一樣好。此處的問題，在很大程度上是一項社會難題，而就這一點來說，本書並不打算加以討論。然而，這個問題也存在有個人與心理的面向，我已經在論及疲憊的章節中有所闡述。儘管文明生活存在種種不利條件，有些人卻仍然持續擁有熱情；而大多數人假如能夠擺脫那些使他們耗費了大量心力的內在心理衝突，則同樣也能保有熱情。熱情要求的能量多於應付日常工作所需，而且它還會進一步要求心理機制的順暢運轉。有關如何使心理機制順暢運轉的方法，我將在之後的章節中予以討論。

就女性而言，雖然比起從前，現在的情況已有所好轉，但在很大程度上，熱情依然因爲對於社會名聲的錯誤概念而劇降。人們認爲，女人若明目張膽表現出對男人的興趣，或是在公共場合太過活躍，皆是不可取的行爲。爲了學會對男人不感興趣，她們經常學到了對一切無動於衷，總之，除開某種正確的行爲，她們對其他一切皆興致索然。試著訓練出一種對生活退縮與無作爲的態度，很明顯地，是在教導某些非常不利於熱情的做法，並鼓勵著某種專注於自我的作爲，而這些正是那些講究名聲的婦女的特色，尤其如果她們未受過教育的話更是如此。她們對運動置之不理（一般男人則不然）；她們對政治漠不關心；對於男人，她們的態度是一本正經的冷淡；而對於女人，她們的態度則是一種經過隱藏的敵意，她們深信自己的社會名聲遠比其他女人更高。她們自豪於不與他人來往；亦即，在她們的眼中，對其他人缺乏興致其實是一種美德。對此，她們當然不會受到譴責；她們只是接受了那些幾千年來所流傳的、專門針對女性的道德訓誡。然而，她們深深值得同情，因為她們是這個壓迫系統中的受害者；她們沒能察覺出系統本身的罪惡。對於這樣的女性，不大方被視為美德，而樂於給予被認為是罪惡。在她們的社交圈中，她們盡一切所能扼殺歡樂；而對於政治事務，她們偏愛壓制性的立法。幸運的是，這類女性已經愈來愈少見，但還是比想法業經解放的那些人所以為的要普遍得多。我建議對此說法抱持懷疑的人，可以試著去一些民宿旅店投宿看看，並且在到訪期間留意旅店老闆娘的言行。我們將會發現，這些老闆娘以一種美善女性的概念待人接物，而在此概念中，摧毀對生活的一切熱情是一項重要成分，這也導致她們理性與感性的發展嚴重受阻。在經過正確省思與構想的德行之間，男女兩性並無任何差異，或者說，至少不存在有傳統所灌輸的那些差異。對於女性正如對於男性，達至人生幸福的秘訣皆在我們所懷抱的熱情。

第十二章　愛與被愛

造成熱情匱乏的主因之一，是人們覺得不爲他人所愛；相反地，深覺被愛的感覺，則遠比任何因素更能激發人的熱情。一個人會產生不被愛的感覺，原因所在多有。他可能認爲自己是個可怕的人，以至於無人愛他；他可能從幼時就不得不去習慣，自己只能獲得少於其他小孩的關愛；或者，他可能實際上就是個沒人會喜愛的人。不過，就最後這一種情況來說，大多都是早年的不幸經驗所導致他缺乏了自信的結果。覺得自己不爲人所愛的人，可能會採取幾種不同的應對態度。他或許會特別殷勤討好他人，藉此拼命努力贏得愛意。然而，就此而言，他極可能事與願違，因爲，親切的眞正動機很容易被受惠者識破，而且，人性的建構就是如此巧妙，似乎對愛要求最少的人，才最容易博得愛。因此，努力表現利他行動以求取關愛的人，最後反而會感受到忘恩負義，從而對人心幻滅。他從未想過，他賣力想博取的人情愛意，其價值遠比他所提供交換的物質利益還高，但是，他的行動卻是奠基於他認爲兩者的價値可以交換。另一種察覺到自己不被愛的人，可能會想報復世人：他或是挑起戰爭與革命，或是筆鋒尖刻著書爲文，如同狄恩·史威夫特（Dean Swift）的做法。這是對此不幸經驗的大膽回擊；當事人需要具備頑強的性格，才能以一己之力與整個世界較量。鮮少有人能達到這般剛強的程度；大多數人，男女皆然，在感到自己不被愛時，會陷入一種膽怯的絕望之中，唯有在偶然閃現的嫉妒與惡意的情緒裡才得以解脫。這種類型的人，他們的生活常常變得極端自我中心；缺乏他人的關愛會造成不安全感，而他們本能地，企圖任由規律的習慣來徹底支配生活，以便逃離這種感受。因為，那些使自己臣服於一成不變的生活規律的人，他們的動機一般上來自於對外在冷酷世界的恐懼，他們以為，只要遵循先前的方式過日子，就不會經受到恐懼的折磨。

◎

比起對生活有不安全感的人，凡是能夠安心面對生活的人，心情會快樂許多——反正，只要他們的安全感不會使他們遭殃，就一切無虞。在絕大部分的案例中，儘管並非全部，安全感本身相當有助於當事人逃離其他人會遭遇的危險。假設你走在橫越深淵兩端的一條狹窄木板上，如果你感到害怕，比起你不怕，更有可能失足下墜。同樣的道理也適用於生活中的種種作為。無懼的人當然也會遭遇突如其來的災難，但是他極可能歷經許多險境卻仍舊全身而退，如果換作膽怯的人，則可能以不幸收場。這種對人有益的自信，想當然爾存在多不勝數的表現形式。有人對登山膽大無畏，有人對航海信心十足，也有人對飛行十拿九穩。但是，對於生活的普遍自信，它的成因更倚重於，人們必須養成被愛的習慣：亦即，我們需要多少愛，就接受多少適當類型的愛。正是這樣的心理習慣，被視爲是熱情的泉源，而我希望在本章中予以闡述。

◎

正是我們所接受的愛，而非我們所給予的愛，能夠帶來人們所需要的安全感，儘管安全感主要來自於相互回報的愛。嚴格而言，不僅是愛，包括讚美，皆能產生這個效果。從事的工作需要確保來自大眾的讚賞的人，比如演員、傳道士、演說家與政治人物，他們會益發依賴他人的掌聲。當他們接收到大眾認可的正當回報時，他們的人生就會充滿熱情，如果並非如此，他們就會心生不滿，且變得自我中心。擴及群眾的善意，對他們的意義，一如某些少數人爲其他個體所提供的、那種更爲濃縮集中的愛。受父母寵愛的孩子，他接受父母的愛猶如自然法則；他不會對此多加思索，儘管父母的愛對他的快樂極具重要性。但他會思考這個世界，想像等著他踏上的探險之旅——當他長大之後，他終將踏上那趟充滿驚奇的探險旅程。不過，在這些外在興趣的背後，幼童會有一種意識，他知道，來自父母的親情會保護他不致受災受難。當父母無論出於任何理由，而抽回了對子女的關愛，他們的孩子就可能變得膽怯、缺乏冒險性格，心中充滿恐懼與自憐，不再能以歡快的探索精神去體驗世界。如此的孩子可能會在令人吃驚的極小年紀，便開始思考有關生死與人的命運等問題。他起初會變得內向、憂鬱，而最後會在某些哲學或神學體系中尋求虛假的慰藉。世界是一團混亂之地，包含著隨機出現的快樂與不快樂的事物。希望可以從中理出某種足供理解的系統或模式，基本上是恐懼所促成的結果，事實上，這是一種懼曠症（害怕開放空間）的表現。膽小的學生只要身處書房的四壁之內，就會感到安全。假使他能說服自己相信，外在世界同樣井然有序，那麼當他不得不冒險走入大街小巷時，便幾乎也會感到安全。假使這樣的人可以接收更多的愛，那麼他將不會那麼害怕眞實的世界，也就不用在他的信念體系中創造一個理想的世界取而代之。

◎

然而，絕非所有的愛皆能帶來激發冒險性格的效果。我們所給予的愛本身必須堅強而非懦弱，這樣的愛希望收受方能夠因而擁有優異表現，更甚於獲得安全感，雖然我們絕對不是不關心安全感的問題。生性膽怯的母親或保母，始終在提醒小孩注意可能發生的災難，她們認爲每一隻狗都會咬人，每一隻牛都是公牛；這樣的照顧者將在小孩心中滋生與她們相同的膽怯之心，並可能會讓小孩以為，除非她們就近保護，不然就會危機四伏。對於具有過度佔有慾的母親來說，小孩如此的感受可能會讓她滿意；她可能希望孩子依賴她，遠勝於孩子擁有應對外在世界的能力。在這樣的案例中，她的子女最後大概會比毫不被愛的情況更糟糕。早年所養成的心理習慣，極可能持續一輩子。許多人在談戀愛時會尋求逃避外在世界的一方小天地，使他們能夠確保，在自己不值得欽佩或讚美之時，也能獲得欽佩與讚美。對許多男人來說，家是逃避真相的避風港：正是他們的恐懼與懦弱，使他們享受家人情誼，以便讓那些負面感受停止運作。他們從妻子那兒尋找早年從不明智的母親身上所獲得的慰藉，假使妻子將他們視為已經長大的成人，他們便會分外訝異。

◎

想界定最佳的愛並非易事，因為，顯而易見的是，在愛之中皆有某些保護成分存在。對我們所愛之人，我們並不會對他們遭遇的傷痛漠不關心。然而，我認為，對可能的不幸事件出現的擔憂——與我們對已經發生的不幸事件所表達的同情相比——在關愛之中扮演的角色應該愈小愈好。為他人感到恐懼，只比為自己感到恐懼好一點點。而且，它經常是佔有慾的偽裝。

當事人心中會希望，藉由引發他人的恐懼，從而更爲全面地支配他人。這當然是爲何男人會喜歡膽小如鼠的女人的理由之一，因爲，男人可以經由保護女人而擁有她們。一個人能夠承受多大程度來自他人的擔憂，而不會造成自身的傷害，這取決於他的個性：富於冒險精神、個性大膽的人，可以承受大量他人的擔憂而不會受害，而對於膽怯的人，則應該鼓勵他不要期待他人爲他擔憂太多。

◎我們所接受的愛，具有雙重功能。我們迄今已經討論了接收的愛與安全感之間的關連，但是，在成人的生活中，愛具有更爲根本的生物性目的，亦即成爲父母。無法喚起性愛對任何男女皆爲嚴重災難，因爲它剝奪了生命提供給兩性的最大歡悅。這種感受的剝奪肯定遲早會毀壞人們心中的熱情，並致生內向性格。然而，受童年所遭受的不幸影響產生的個性缺陷，經常是人們在往後的人生中無法獲得愛的原因。比起女性，這或許與男性更爲相關，因爲，大體上，女性愛男人傾向於喜歡他們的個性，而男性愛女人傾向於喜歡她們的外貌。就這一點來看，必須這麼說，男性顯得比女性平庸，因爲，男性對女人產生好感的特質，比起女性所看重的男人特質，總體而言較不可取。然而，我不確定獲得良好的個性，是否會比打理美麗的標準。與具有相同品味見解的人建立關係，有助於增進生活的幸福。沿著這個方向前進，就可能發展出愈來愈多的社會性交誼，而藉由這個方法，那許多超群出眾之人如今所遭遇的孤獨處境，也將可望逐漸消弭於無形。如此一來，無疑會增加他們的幸福感，不過，這當然也會降低傳統人士隨意處置特立獨行者所獲得的那種虐待狂樂趣。然而我並不認爲，我們有必要去關切這種樂趣的保留。

◎

如同每一種形式的恐懼，對輿論的恐懼也是壓迫人心與阻礙成長的原因。只要這種恐懼維持既有的力度，就會使人難以實現任何偉大的成就，同時也難以獲得眞正幸福所仰賴的精神自由，因爲，依循著由我們自身深層的動力所驅使選擇的方式生活，而非根據碰巧的鄰人或人際關係中的他人一時的愛好與渴望，正是幸福人生不可或缺的要件。比起過去，如今人們對近鄰的恐懼無疑已經減少許多，但卻有一種新型恐懼正在萌生，亦即對報紙新聞報導的恐懼。這與中世紀那種可怕的獵巫行動可說不相上下。當報紙媒體選擇要把某些相當無害的人當作替罪羔羊，所引發的後果可能十分駭人。幸運的是，迄今爲止，大多數人由於不具知名度因而避開了如此厄運；然而，當報導與宣傳的技術漸臻完美，這種新型態的社會迫害所產生外貌更爲容易；至少可以這麼說，女性在獲取美貌上所需要的程序，比起男性爲了塑造個性所需要的步驟，應更易於理解與實施。

我們迄今討論了自己作爲接受者的愛。現在，我想談論我們作爲給予者的愛。這同樣也有兩種不同的類型；其中之一，或許是對人生熱情最重要的表達方式，而另一種，則是身處恐懼之中的表達方式。對我而言，前者極讓人稱道，而後者至多只是一種撫慰。假設你在一個晴朗的日子裡，駕船沿著美麗的海岸前行，對沿岸風光讚嘆不已，那你便正在享受著美景帶來的喜悅。如此的喜悅之情，全然起自於眺望外界所獲得的感受，它完全與你自身任何迫切的需求無涉。然而，如果你的船隻失事翻覆，使你不得不游向岸邊，這時，你將對這片海岸產生全新的感受，浮現一種新的愛意：海岸代表著遠離翻騰浪潮的安全之地，而它的美醜則無關緊要。駕船安穩前行的人，他的感受符合愛的較佳表現類型，而由於船難落水的泳者，他的感受則符合不算太好的愛的類型。第一種類型的愛，只有在人們感到安全無虞時——或者說，至少與折磨人的種種危險無關時——才可能出現；相反地，第二種類型的愛，則源自不安全感。相較於第一種，不安全感所引發的情緒遠遠更爲主觀，並傾向於自我中心，因爲，被愛的人之所以獲得價值，是由於他所提供的服務，而非本身固有的特質。然而，我並不希望暗示這類的愛在生活中毫無正當地位。事實上，幾乎所有眞正的愛皆多少包含了這兩個類型在內；就愛能夠有助於矯正不安全感的方面來說，它能讓人擺脫不安全感，並再度讓人感受到對於外在世界的興趣；當人處於危機與恐懼時，這樣的興趣會受到遮蔽。但是，即便認可了這樣的愛確實在生活中有所作用，我們仍舊不得不主張，它比起第一種類型來說，還是比較沒那麼好，因爲它仰賴心中的恐懼，而恐懼是個弊害；另一個原因則是，它更傾向於自我中心。一個擁有最佳類型的愛的人，會期待發現新的快樂，而非逃離舊日的鬱悶。

最佳類型的愛是一種互惠性的生命泉源：雙方皆能歡喜地接受愛，也能毫不費力地付出愛；每個人都能因爲這個相互回報的幸福，而發現整個世界更加興味盎然。然而，還存在有另一種愛，而且絕非罕見：在其中，一個人吸盡了對方的生命力，亦即，一人接收了另一人所給予的愛，但幾乎沒有付出任何的愛以回報對方。某些極具活力的人屬於這種吸血鬼類型。他們從一個接一個的受害者中，榨光他們的生命力，當他們神采飛揚而且愈加討人喜歡時，那些被他們寄居其上的人卻日益蒼白、消沉與遲鈍。這些吸血鬼利用其他人遂行自身的目的，從未考慮將受害者視作自己的目標。基本上，他們對自己一時以爲喜愛的對象意興闌珊，他們僅對能夠促進自身的活動、多半與人無關的事物興趣濃厚。這明顯來自於他們本性中的某些缺陷，而想要診斷或矯正這些缺點，並非易事。這種特質經常與當事人本身的勃勃野心有所關連，可以這麼說，它根植於對幸福法門過度片面的觀點之中。人與人之間若能對彼此懷抱眞誠的興致，在這種意義下的愛，它並非只是讓雙方各自獲益的手段，而是讓雙方成爲擁有相同利益的共同體；這樣的愛是促成眞正幸福的關鍵成因之一，而將個人的自我封閉在銅牆鐵壁之內，以致無法擴展空間的人，無論生涯多麼飛黃騰達，都將錯失人生所能提供的最佳珍寶。將愛排除在個人視野之外的野心，一般上是某種對人的憤怒或仇恨所造成的結果，它的根源存在於年輕時的不幸經驗，或之後人生中的不公平遭遇，或是任何會導致被害妄想的那些因素。一個人若想充分享受這個世界，務必小心不要養成威力過大的自我，因爲它會淪爲自身的囚籠。能夠擁有眞正的愛的能力，是已經逃離自我囚籠的標記之一。人若只能接受愛，這絕不足夠；我們所接受的愛，應該要能釋放出我們希望給予的愛；唯有兩者旗鼓相當，愛才能獲致最佳表現。

那些無論在心理上或社會上阻礙著雙向之愛發展的種種因素，皆是這個世界始終深受其害的嚴重弊端。人們總是延宕給予讚美，以免美言遭到誤用；人們總是延宕付出關愛，以免必須承受來自關愛的對象或是苛刻的世人所施加的痛苦。如此的謹慎行事，既出自道德之名，亦出自人世智慧之名，而它所衍生的結果卻是，在與愛相關的層面上，人們的寬容與冒險性格皆受到了抑制。這一切使人們更易於對他人心生膽怯與憤懣，因爲，許多人活到老皆不理解人生眞正根本的需求爲何，而十個人中有九個無法掌握自己在面對世界時，懷抱開朗快樂態度的必要條件。但我們也不該認爲，凡是在這一點上被稱作不道德的人，皆比不是這樣的人優越。在性關係中，經常幾乎不存在眞正的愛，甚至雙方彼此仇視的情形也並非罕見。無論男女，每個人皆努力不要顯露自己的情感，每個人皆保持孤單寂寞，每個人皆試圖維持原樣不變，因此情愛也毫無成果。在如此經驗中，人生的根本價値可說蕩然無存。我並非意指，應該小心避免與這樣的人交往，因爲，爲了這樣的目的而採取的必要做法，很可能也會妨礙一段更珍貴、更深刻的愛情滋長。但我確實以爲，唯一眞正具有價値的性關係是，彼此之間毫無防備之心，而雙方各自的完整人格也逐漸整合成爲一個嶄新的人格。在所有形式的謹愼中，對愛的小心翼翼，或許是眞正幸福的最大致命傷。

第十三章　家庭

在我們傳承自過去的所有制度當中，沒有一個如同家庭一樣，在今日的表現是如此失常與脫軌。父母與子女雙方之間的愛意，應該足以成爲幸福的最大泉源之一，但事實上，今日的親子關係卻有九成比例是雙方苦惱的成因，而有百分之九十九的機率會造成至少其中一方鬱悶不快。家庭原則上應該能夠帶來根本上的滿足感，它在這方面的失敗，是導致我們這個時代普遍存在著不滿情緒的最深重原因之一。希望與子女維持愉快關係，或是希望爲他們提供快樂生活的成人，必定會深刻反省爲人父母的角色，而且在反思過後，明智戮力地付諸行動。由於家庭這個主題太過龐大，以致無法在本書中全部予以細論，我只能就本書所關切的特定角度——亦即，如何獲取幸福——來切入這個論題。而且，甚至在這一點上，我們也只能著眼於個人該如何自力改善家庭關係，而不涉及社會結構的改造論題。

想當然爾，這是一個嚴重的限制，因爲，在我們這個時代，造成家庭不幸的原因所在多有且種類歧異，包括來自心理、經濟、社會、教育與政治等不一而足的因素。就社會中較富裕的階層來說，如今在兩個因素的結合下，成爲父母對女性造成負擔的感受遠較從前爲重。第一，是單身女性就業機會的開放，第二，則是家務僕傭工作的衰落。在過往年代，女性有鑑於在過了適婚年齡後所需承受的嚴苛生活條件而被迫出嫁。當時的未婚女子不得不住在家裡，在經濟條件上，一開始依賴父親，之後則依賴某個不情願的兄弟。她沒有工作可以打發日子，也沒有自由可以走出庇護她的大宅高牆，去享受自己的人生。她既無機會、也無意願去進行性冒險；她打從心底深信，除開婚姻，這種行爲令人憎惡。假使她在種種防護之下，仍因陷入某個深具心機的誘惑詭計因而喪失了貞操，那麼她的處境將極端令人憐憫。《威克菲德的牧師》（*The Vicar of Wakefield*）一書中相當適切地描述了這個境況：

> 唯一能夠掩蓋她的罪惡，
> 能夠將她藏匿以避人耳目，
> 能夠使她的情人心生悔意
> 且痛徹心扉的——就是她的死亡。

現代的未婚女子，並不會將死亡視爲如此狀況的必然發展：假使她接受了良好的教育，在維持寬裕生活上可說毫無困難，並因此可以不受父母認可與否影響的話。由於父母已經失去了對女兒的經濟控制權，因此他們在想對她做出道德上不贊同的表示時，就必須格外謹慎；去斥責不會等著被罵的人，並沒有多大效用。一名專業人士階層的年輕未婚女性，假設她的聰慧與魅力均在一般水平之上，只要她可以擺脫生兒育女的渴望，那麼在今天，她無疑能夠享受全然愜意的生活。不過，如果生兒育女的願望征服了她，她將被迫結婚，並且幾乎肯定會失去工作。她原本已經習慣的舒適生活品質，將一夕劇降，因爲，丈夫的收入很可能並沒有比她原先的薪資多上多少，但卻必須提供一個家庭而非一名單身女子花用。在享受過獨立生活的快樂後，她將發現，生活開銷的每分錢都不得不仰賴旁人的情況令她惱怒。出於這一切理由，這樣的女性在踏入母職之前會猶豫再三。

然而，一名毅然決然投入婚姻的女人，相較於先前世代的女性，會發現自己遭遇一個驚人的新難題，亦即，不僅很難找到家務僕傭，僕傭的服務品質也很低落。這導致她被家務所束縛，被迫自己挑起繁多瑣碎的整理責任，而這與她的能力、她所受的訓練毫不相稱；或者如果她不用親自來做，則會因為斥責粗心大意的女傭而變得脾氣暴躁。而有關兒女的具體照護，假使她盡一己之力全盤學習了育兒知識，她將發覺，根本不可能把孩子託付給保母照顧，而不冒著嚴重的風險，她甚至也無法把清潔與衛生方面最基本的防範工作，交付給別人處理，除非她有能力雇用在某些機構受過嚴格訓練的保母。被大量細枝末節的事壓得透不過氣，假使她沒有因此快速喪失魅力與大半的才智，那麼她確實是個幸運的女人。鎮日負擔這些必要的家務責任，這樣的女人經常會逐漸讓丈夫厭煩，也會成為子女討厭的母親。丈夫在入夜後下班回家，一個嘮叨著白天麻煩事的女人會惹人厭，但如果她一聲不吭，又會顯得對一切漫不經心。而在與子女的關係上，她為了懷孕所作的一切犧牲還歷歷在目，這使得她幾乎肯定會去要求比應得的報償更多的回報；而成天埋首家務瑣事的習慣，則使她變得挑剔成性與心胸狹窄。在她必須承受的所有不公正對待當中，這是最有害的一種：她善盡了對家人的責任，結果卻使她失去了他們的愛，而如果她忽略家務事，持續保持著愉快與迷人的風采，他們或許還會喜愛她[6]。

[6] 珍・艾寧（Jean Aylin）在《逃離親職》（*The Retreat from Parenthood*）一書中，深富洞見而有建設性地討論了，有關家務對專業人士階層之影響所衍生的所有難題。

這些困擾在根本上是屬於經濟層面的難題，而另一個嚴重性不相上下的問題，亦是如此。我所意指的是有關人口集中在大城市後，所衍生的住房困難。在中世紀，城市如同現在的鄉村一般流露著田園風情。孩童如今還唱著這樣的童謠：

保羅的尖塔上有一棵樹
樹上的蘋果好多好多，
倫敦城裡的小男孩
拿者木棍去打蘋果。
然後他們跑過一重又一重的籬笆樹
一直來到倫敦橋。

聖保羅教堂的尖塔已經消失不見，而我不知道自何時開始，從該教堂到倫敦橋的樹籬也已不見蹤影。從倫敦城的小男孩可以享受到如童謠中所唱頌的那種快樂，距今已經好幾百年，但是直到不久之前，大部分人口都還居住在鄉間。城鎮在當時並不龐大；人們出城很容易，而且許多房子還附有花園的情況也絕非罕見。如今，英國的城鄉人口已經有了非常懸殊的差距。在美國，城鄉人口的差距才剛剛顯現，但也在快速擴大之中。如同倫敦與紐約這樣的城市，規模如此巨大，想離開城區得費時良久。城市裡的居民通常不得不滿足於擁有一戶公寓，想當然爾，它不會包含有任何一方泥土；而住在公寓內收入中等的人們，也不得不將就於窄仄的空間。假使他們還有年幼的子女，蝸居公寓的日子就更加難熬；既沒有空間給孩子們玩耍，也沒有空間供父母逃離子女的噪音。因此，專業人士階層愈來愈傾向於搬往郊區。從扶養子女的角度，這無疑是可取的做法，但它卻大大增加了男主人生活的疲憊感，並且使他能在家中扮演的角色分量劇減。

◎然而，這個巨大的經濟難題，卻不是我企圖討論的主題，因爲它並不在本書關心的要旨之內；我們所著眼的問題是：在此刻當下，個人該如何才能覓得幸福？當我們往下繼續談到這個時代的親子關係所存在的心理困局，就會更加接近問題的核心。

◎這一切，的確屬於民主發展所引發的部分難題之一。在過去，我們有主人與奴隸：主人決定事務方針，而大體上，他們也喜歡奴隸，因爲奴隸爲他們的幸福提供服務。奴隸可能會厭惡主人，儘管這幾乎不會像民主學說使我們以為的那麼普遍發生。不過，即使奴隸真的厭惡主人，主人對此也將一無所知，總之，主人是快樂的。隨著人們廣泛接受民主理論，這種種已全然改觀：以前默認現況的奴隸不再悶不吭聲；昔日毫不懷疑自己權力的主人，也變得遲疑與不確定。兩者之間的摩擦四起，並造成雙方不快。我上述的說法，並非意在提出反對民主制度的主張，因為，此中所涉及的問題，只是任何重要的社會轉型所必然面臨的困境而已。然而，在如此的社會轉型進程中，忽視它所造成世人不安的狀況，對我們並沒有任何益處。

◎

親子關係的變化，正是民主制度廣泛擴張所造就的影響。父母不再確定自己有權反對子女，而子女則不再以為有義務對父母表達敬意。先前人人皆認同服從的美德，如今卻成為過時的做法，而且在道理上也不算錯。精神分析學說嚇壞了受過教育的父母，他們深怕自己會在無心之下做出傷害子女的行為。如果他們親吻孩子，可能產生戀母情結；但如果他們不親吻，又可能引燃孩子嫉妒的怒火。他們如果就孩子的行為下達命令，可能使孩子產生罪疚感；但如果不這麼做，又會使孩子養成在他們看來並不可取的習慣。當他們看見孩子吸吮拇指，心中會浮現種種嚇人的推論，但對於該如何制止這樣的行爲，卻又滿心困惑。爲人父母，在以前是種行使權力的威嚴表現，如今卻變得膽怯、焦慮，充斥提心吊膽的疑惑。舊日的單純喜悅已經遠去，而單身女性如今又取得了新自由，致使爲人母者若要決定生兒育女，比起從前必須犧牲更多，這更使得情況雪上加霜。在這樣的條件下，謹慎的母親會對子女要求太少，而粗心的母親卻又對子女要求過多。謹慎的母親會節制自己本能的母愛，因而變得羞怯不安；粗心的母親則會在孩子身上，尋求她們先前不得不放棄的歡樂的補償。就前者來說，孩子會始終渴望被愛；而就後者來說，孩子的情感則受到過度刺激。就這兩者而言，家庭在最佳狀態下所能提供的單純而自然的幸福，都已經消失不見。

◎鑑於這種種困擾，生育率如果因而下降，又有何值得驚訝？總體生育率的下降趨勢，已經達到了人口即將開始萎縮的臨界點，而富裕階層的生育率，更是早已越過了這樣的臨界點，且不僅是單一國家如此，而是幾乎所有最高度文明化的國家皆如出一轍。有關富裕階層的生育率資料，並沒有太多可用的統計數據足供參考，不過，我們可以從早先提及的珍・艾寧著作中，徵引兩個相關事實。在一九一九、一九二二年間的斯德哥爾摩，職業婦女的生育率大約只有總體人口生育率的三分之一；而美國的衛斯理學院（Wellesley College）在一八九六至一九一三年間的四千名畢業生，她們的子女總數大約有三千名，然而，若要防止人口數量萎縮，實際上應該要有八千名子女，而且無一名幼童早夭，才能達到目標。無庸置疑的是，白人所發展的文明具有一種特質，亦即，身處其中的男女，他們文明化的程度高低，決定了生育率的高低。文明化最高者，生育率最低；文明化最低者，則有最高的生育率；而位於兩者之間的人口，生育率則由低至高呈階梯式變化。目前在西方國家中，才智表現最優秀的社會階層正在逐漸衰亡。不出幾年，西方國家的整體人口數量將開始下降，除非有來自文明化程度較低之區域的移民予以塡補。然而，一旦移民逐漸融入了歸化國的文明，他們的生育率也將開始顯著下降。擁有如此特徵的文明顯然並不穩定；除非這樣的文明能被誘導繁衍人口，不然遲早會走上滅絕之路，讓位於那些仍然維繫著爲人父母之衝動、因而避免了人口萎縮的文明。

每個西方國家的官方道德家，無不努力藉由各種曉之以理、動之以情的做法，試圖解決這個困境。一方面，他們勸說，每對夫妻都有義務按照上帝的旨意生育子女，卻全無提及任何有關幼童在健康與幸福上的展望。另一方面，男性神職人員喋喋不休談及母職的神聖喜樂，佯稱擁有貧病交加的子女的大家庭，也不啻是一種幸福的泉源。國家也加入勸說的行列，它提出了必須存在充足兵源的主張，因爲，除非有足夠的人口得以摧毀，不然所有這些精良巧妙的毀滅性武器，該如何充分發揮效用？詭異的是，即使有對父母認同這些論調適用於他人，但若要應用到自己身上，則全然聽而不聞。心理上來說，神職人員與愛國人士的論點存有謬誤。若神職人員能持續以地獄之火作爲威脅，便可以遂其所願，但是如今僅剩一小部分的人會把這樣的威脅當眞。而在程度上不如地獄之火強大的其他威脅，則沒有一個適合去控制本質上如此私密的行爲。至於國家所提出的主張，則全然是殘忍之舉。人們可能同意其他人該去提供充當砲灰的兵源，但是他們卻不會苟同於自己的子女被這般利用。因此，國家所能做的事是，努力讓窮人處於無知狀態，而如同統計數據所顯示的，除非是在西方國家最落後的地區，不然政府的這番努力可說枉費心機。男人或女人鮮少從社會義務的層次上去生兒育女，即使確實存在這樣的社會義務，他們也不會去做。人們之所以生養子女，原因如果不是他們相信孩子將增加他們的幸福，就是他們不知道如何避孕。後者這種情形依然十分具有影響力，不過已經日漸減少。無論是國家或教會所進行的一切做法，皆無法阻止人口下降的趨勢。

因此，假使白人想要長存下去，當務之急便是讓親職工作能再度爲父母帶來快樂。

先不論今日的社會實況，如果考量人性的內涵，我以爲，親職角色在心理上，明顯提供了人生所能給予我們最崇高、最持續不墜的幸福。這個說法無疑對女性比對男性更合適，但是，對於男性其實也不遑多讓，現代人大多都低估了男人在親職上的幸福感。在我們這個時代之前，幾乎所有文學作品皆把這種親職幸福視爲理所當然。赫庫芭（Hecuba）對子女的關懷，超過對丈夫普里阿摩斯（Priam）的體貼；麥克德夫（MacDuff）照料子女的用心也勝過照顧妻子。在《舊約》中，無論男女，皆熱切關心身後子嗣的問題；而在中國與日本，這樣的態度也一直傳承至今。有一種說法指稱，如此的渴望源於祖先崇拜。然而，我以爲，事實正好相反，亦即，祖先崇拜反映了人們對於家族延續的關注興致。回到之前提及的職業婦女來思考的話，生育子女的衝動顯然必定具有非凡的影響力，否則她們不會爲了滿足它而付出所需的犧牲。就我本身的經驗來說，我發現，爲人父母所獲得的快樂，超越我體驗過的任何喜悅。我相信，當社會環境導致男人或女人放棄了這樣的幸福，就會造成一種深層需求一直無法獲得滿足的缺陷，而這將引發原因始終不明的不滿與倦怠的感受。爲了在這個世界常保歡喜，尤其是青春已然遠去之際，我們必須感受到自己不只是一個來日無多的孤立個體，而是生命這條滔滔長河的一部分，它從第一個細胞開始，一直流向遙遠未知的未來。這種感受作爲一種有意識的情緒，也已經成爲老生常談，無疑包含著高度文明化與充滿智慧的世界觀，但是，若把這種感受視爲模糊不清的本能情感，它就是與生俱來的原始情懷，而正是它的消失，成爲高度文明化的標記。一個有能力締造某種非凡偉業、留名青史的人，可以經由他的努力來滿足這種感受，但是對於不具有特殊天賦的男人與女人，想滿足這種感受只能經由子嗣。凡是讓自己的生育衝動衰頹的人，就使自己脫離了生命的長河，而如此一來，便得冒著人生了無生趣的巨大風險。對這種人來說，除非他們看破塵世，不然死亡將終結一切。在他們身後到來的世界，將與他們毫不相干，而正因如此，他們的所作所爲也將顯得不具任何價値與意義。對於擁有兒女、孫兒女，並能自然而然關愛他們的男女來說，未來至關重要，至少在他們的有生之年會是如此，而這樣的感受不僅是出於道德或想像的努力，也是出於天生的本能。可以把自己的興趣像這樣延展到個人生命之外的人，還可能將興趣延展到更遠的地方。

比如亞伯拉罕（Abraham），他只要想到他的後人將繼承應許之地，就會感到心滿意足，即使這需要好幾個世代之後才會應驗。通過如此的感受，他得以免於墜入失去人生意義的深淵，不然那將削弱他所有的情感體驗。

◎家庭的基礎，當然建立在父母對於自己的子女懷有一種特別的愛意，而這種關愛之情，並不同於他們對彼此、或對其他小孩的感受。確實，有些父母並沒有這種親子之愛，或是有的話，也微乎其微；而同樣無可置疑的是，有些女人對於並非自己親生的孩子也能擁有這種愛意，幾乎可以視如己出。然而，事實依然顯而易見，父母之愛是一種一般人對自身子女所體驗到的特殊情感，它與對任何其他人所衍生的感受皆截然有別。這種情感的根源傳承自我們的動物祖先。就這一點說來，佛洛伊德的觀點在生物學上的探討似乎便有所不足，因爲，任何觀察過母獸與自己的幼獸相處的人，皆能夠看出，母獸對幼獸所遵行的行爲模式，迥然有別於牠對與之交配的雄性的舉止。而這種帶有差異的本能模式，儘管出之以經過調整與較不明確的形式，卻也同樣存在於人類身上。假使沒有這種特殊的情感，那麼家庭作爲一個制度就幾乎無須多談，因爲，子女同樣也能留給專業人員來照顧。然而，就此狀況而言，父母對子女所懷有的特殊愛意——只要他們的本能並未萎縮——對父母與子女雙方，皆具有價值。父母對子女的這種愛，主要價值就在於，它比任何其他的愛都更爲可靠。你的朋友因爲你的才能而喜歡你，你的情人因爲你的魅力而愛你；假使你的才能或魅力減少，朋友與情人就可能離你而去。但無論遭逢厄運或生病，甚至是名譽掃地的這些時期，父母總是最可倚賴的人——假使他們是好父母的話。當才華備受讚賞時，我們都會感到快樂，但是大多數人都會在心中保有一份謹愼的謙虛，自知如此的讚美並不牢靠。我們的父母之所以愛我們，是因爲我們是他們的子女，而這是永遠不會改變的事實，因此當我們面對父母時，會比面對任何其他的人際關係更有安全感。在生活平順的時期，這可能顯得無關緊要，但如果生活慘澹，父母的愛就能提供絕無僅有的慰藉與保護。

◎

在所有的人際關係中，要確保一方的快樂可說輕而易舉，但要保證雙方其樂融融，則困難重重。獄卒看守囚犯可能感到開心；老闆可能享受著威嚇員工的樂趣；統治者以鐵腕治理臣民，可能感到稱心如意；而某些老派的父親，則無疑相當享受用鞭子來替兒子進行美德教育。然而，這些是單方面的快樂；對於交流中的另一方，皆毫無樂趣可言。我們總會感覺這種單方面的快樂有所不足；我們相信，一個良好的人際關係，應該可以讓雙方滿意。這個想法尤其需要應用在親子關係之上，如此一來，父母將從孩子身上獲得遠比昔日家長更少的管教之樂，不過子女會比過往世代的孩子遭受較少由父母所施加的折磨。我並不認為，關於父母為何只能從孩子身上獲得比古早年代更少的快樂，存在有任何眞正理由，雖然這確實是目前的實況。我也不認為，有任何眞正的理由能夠解釋，父母為何應該不去增進孩子的幸福。不過，如同現代世界所致力追求的一切平等關係，這需要對另一方展現某種體貼與溫柔，需要尊敬對方，而這卻是日常的人際鬥爭文化不願鼓勵的行為。以下，讓我們從兩個角度來思考為人父母者的幸福：首先，是討論親職的生物本質；其次，是讓父母蛻變成能夠平等待人的家長，亦即，去接受我們已經討論過的、世人在平等關係中應該具有的那種根本態度。

◎親職樂趣的原始根源，有兩個層面。一方面，父母會有一種感受，覺得自己肉身的某個部分出現在自己之外，即便肉身的其餘部分皆死滅，它卻能夠繼續活存，而且很可能接下來即會輪到它，也以相同方式顯現某個部分在自身之外，由此保證了生殖細胞的永恆不朽。另一方面，父母會感受到一種混合著權力與溫柔的親密情愫。新生兒柔弱無助，我們會有一種提供協助的衝動；這種衝動不僅滿足了父母對子女的愛，也滿足了父母對權力的渴望。只要能感受到嬰兒的無助，我們給予他的愛便不是出於無私，因爲，我們原本在天性上就會去保護自己脆弱的部分。但是，從幼兒成長的非常早期開始，父母的權力慾與爲孩子著想的渴望，兩者間就存在了衝突，因爲，儘管控制孩子的權力慾在某個程度上是由人類天性所決定，但是希望孩子應該盡早在各方面學會獨立卻是可取的做法——雖然這將使父母的權力衝動無法稱心如意。某些父母從未意識到這個衝突存在，始終跋扈專橫，直到子女有朝一日叛逆成性。然而，其他有意識到衝突存在的父母，卻因此成爲相互矛盾情感的犧牲品。只要陷入這個衝突之中，父母的快樂就隨之消失。在他們盡心盡力照護子女之後，他們備感屈辱地發現，孩子最後與他們所期待的模樣大相逕庭。父母希望孩子從軍，卻發現他成爲反戰分子，或是，如同托爾斯泰的例子，他的父母要他愛好和平，他卻去參加了黑色百人團（Black Hundreds）。然而，不是只在子女後期的發展中，父母才能感受到這樣的困難。如果你餵食一名已經學會自我進食的幼兒，你看重的就是權力慾，而非孩子的福祉，儘管對你而言，這個舉動只出於爲他省卻麻煩的善意。如果你造成他太過敏感於周遭的危險，驅使你這麼做的動機大概是希望他依賴你。如果你張揚著給他滿滿的愛，並且期待他的回應，那麼你大概正試圖藉由他的情感來緊抓他不放。父母的佔有慾有上千種方式，無論大小，皆能導致他們偏離正軌，除非他們時時當心自己的作爲，或者心思始終保持純正不偏，方可避免如此的弊害。意識到這些困難的現代父母，有時在教養子女上會喪失自信，以至於，如果他們試著允許自己去犯下無心之過，可能還對孩子較爲有益，因爲，成人這一方缺乏自信與行事瞻前顧後的表現，最容易造成孩子心理上的不安。因此，比起凡事小心翼翼，更好的辦法，是父母應該保持心思的純正。眞正看重孩子福祉勝過掌控孩子的父母，如果夠聰明的話，將不需要藉助精神分析教科書來告訴他們何事當爲或不當爲；他們的自然衝動就能正確地指引方向。如此一來，親子關係將自始至終融洽和諧，不會引發孩子的叛逆心理，也不會造成父母的挫敗感。不過，這要求父母這方從一開始就必須尊重孩子的人格——這種尊重絕對不只是道德或理智上的原則，而是對方可以深刻體察到的某種感受，幾乎帶有一種神秘的說服力，讓人深信佔有與壓制這類的惡事根本不會發生。當然，如此值得讚賞的態度，並不只是針對父母子女，它在婚姻上、友誼上也同樣不可或缺，只不過在朋友關係中，這比較不難做到。不同人群團體之間的政治關係，若處處可見這般彼此尊重的態度，那將是一個美好的世界；當然，這樣的期待能夠成眞的機會太過渺茫，我們也就言止於此。儘管對溫柔敦厚的需求舉世皆然，但孩童卻最需要人們做到這一點，因爲他們如此柔弱無助，因爲他們的幼小與脆弱只會使庸俗的人視他們爲無物。

不過，回到本書所關切的問題而言，在現代世界，唯有那些能夠深刻感受到，我之前提及的那種對子女的尊重態度的父母，才能達至親職上歡喜愜意的境界。因爲，對這樣的父母來說，不再需要對權力慾進行惱人的克制，也不再需要擔心希望幻滅帶來的苦澀——那卻是專制型父母在孩子有一天獲得自由後，幾乎必定會嚐到的感受。懷有尊重態度的父母，比起家長權力至上時代中的專制型父母，更有可能享受親職上的快樂。因爲，藉由溫柔敦厚而清除了一切跋扈專橫之可能的那種愛，能給喜悅增添美妙、溫潤的滋味，更能將平凡無奇的日常生活轉化爲洋溢神秘狂喜的人間樂園；而在這個不可靠的世界中，那些爲了維持優勢地位而持續掙扎與鬥爭的人，他們所能感受到的任何情感，皆較難有如此效果。

儘管我對父母的愛給予高度評價，但我並不會因此推論說，母親應該盡可能爲子女事事親力親爲——這卻是常見的論調。關於這個主題，存在有因襲守舊的老生常談，這在對育兒知識一無所知的年代裡有其效用——當時只有一代代老婦人所傳承下來的、那些不合科學的瑣碎照護技巧。今日則有大量的育兒知識，而針對這門知識的各個方面進行著專門研究的人員，也可以極有成效地執行照護幼兒的工作。有關他們所接受的教育——既然已經被稱為「教育」，也就是說，已經受到大眾認可。我們不會期待一名母親教導她的兒子微積分，無論她有多愛他。就有關如何學習知識來說，人們也已經接受，相較於一知半解的母親，孩子應該受教於那些學有專長的人。然而，在教養子女的其他許多方面，人們卻沒有同樣的認知，因為其中所需要的經驗尚未獲得大眾認可。有些事情無疑由母親來做會比較好，但是當孩子逐漸長大，就會有愈來愈多的事情由別人來做會更合適。假使這個道理可以普遍受到認可，母親就能因此擺脫許多令她們厭煩的苦差事，因為她們的專業並非在此。已有習得任何一門專業技能的女性，儘管負有母職，還是應該可以自由選擇是否要繼續她們的專業工作，這既是為了她們著想，也是為了整體社會利益著想。女性在懷孕晚期與哺乳期間也許無法這麼做，但是，超過九個月大的幼兒，不該成為母親與她的專業工作之間一道難以逾越的障礙。當社會要求母親為子女做出不合情理的犧牲，那麼只要她並非百年一遇的聖人，她自然會期待從孩子身上獲得超過她理應期待的補償。那些一般上被稱做願意自我犧牲的母親，在大多數的情況中，也都是會對子女特別自私的母親，因爲，儘管親職作爲人生的組成要素是如此重要，但是如果全部人生都要投注其上，就會讓人心生不滿，而悶悶不樂的父母便很可能成爲情感上貪婪的家長。因此，如果我們決心同時考慮子女與母親雙方的利益的話，那麼，至爲關鍵的是，母職不應該使女性全然中斷所有其他的興趣與志業。假使女性對照顧幼兒有眞正的使命感，而且育兒知識豐富，使她足以適當地照料自己的子女，那麼，她如此的技能應該要更爲擴大運用；她應該投入照護幼兒的職業之中，去照顧一群幼童，而其中也能包括她自己的孩子在內。假使父母能滿足國家要求的最低資格，他們便應該有權對如何照顧他們的子女與由誰照顧表達意見——只要他們符合合格人士的身分——這樣才是正確的做法。我們絕對不應讓任何的風俗傳統，去要求每一名母親都該親身去做某些其他人將更爲勝任的工作。那些在面對自己的子女時，會感到困惑爲難、無能爲力的母親——許多爲人母者確實如此——應該毫不遲疑地把自己的子女交給擁有育兒才能、受過必要訓練的人士照料。事實上，並不存在有任何的天賦本能，得以教導女性如何正確對待子女，而且，當對子女的憂慮超過某個程度之後，就會成爲佔有慾的僞裝。許多幼童之所以在心理上深受其害，原因正是遭到自己母親的無知與濫情的作弄。人們不會預期父親爲子女善盡其職，並且對此已經習以爲常，但是子女天生愛父親如同愛母親一般並無二致。假使女性的人生得以擺脫不必要的奴隸苦役，且幼童也能受益於有關幼兒身心照護研究所累積的科學知識，那麼，母子關係在未來，必將能與如今的父子關係愈來愈相仿。

第十四章　工作

我們應該將工作視爲幸福或不幸福的成因呢？這個問題或許令人疑惑。確實存在有很多工作令人打從心底厭惡之至；而且，過度工作永遠只會讓人痛苦萬分。然而，我以爲，假使工作量並非繁重不堪，對大多數人來說，甚至最乏味的工作也比無所事事要來的好過。依照工作的性質與工作者的能力，其實存在有各種不同層次的工作，從只是爲了打發無聊，到能從中獲得最深刻的喜樂等不一而足。大多數人不得不從事的工作，本身普遍並不有趣，但甚至是這樣的工作，還是能帶給人某種不小的益處。首先，它填塞了白天許多個鐘頭的時間，使人不必決定在這段期間該做何事。大多數人在擁有可以自行選擇該做什麼來打發時間的自由時，都會尋找值得從事的、足以讓人樂在其中的事情，但卻因此一籌莫展。無論他們的決定爲何，他們都會因爲想到還有其他更有趣的事情，而備受困擾。文明的最終目標是人們能夠聰明地填補空閒時間，然而今日鮮少有人能達到這個境界。而且，進行選擇的過程，本身就相當令人厭煩。除開那些擁有非凡進取心的人之外，一般人會覺得，如果一天的每個鐘頭都有人能告訴他該做何事，是再高興不過的事，只要那些命令不會太過惱人即可。大部分遊手好閒的富人承受著難以言喻的無聊之苦，這是他們擺脫辛勤勞動後的代價。他們有時會去非洲打獵或是環遊世界藉以散心，但是這些讓人精神放鬆的活動種類有限，尤其當年紀不再年輕以後更是如此。因此，比較明智的富翁幾乎都如同白手起家時一般勤奮工作，而貴婦們則大部分會繼續忙碌於多不勝數的瑣事雜務，她們深信其中具有無與倫比的重要性。

◎ 所以，工作作爲防範無聊之用，這點首先就值得稱道，因爲，人們在做必要但無趣的工作時所感受到的厭煩，完全無法與一個人整天無事可做時的那種無聊相提並論。工作的這項優點，還可以附加上另一個好處，亦即，它讓假期到來時可以更加開心。只要一個人不必拼命工作到傷害他的健康，他遠遠會比無所事事的人更能對閒暇時光懷抱熱情。

◎ 大多數有薪工作與某些無薪工作的第二個好處，是它能帶來成功的機運與實現抱負的機會。在大多數的工作中，成功與否是由收入高低來衡量，而只要資本主義社會運作不墜，這樣的價值觀無可避免也將持續下去。唯有在涉及品質最佳的工作時，如此的衡量標準才不致成爲不假多想的適用規則。人們想要增加收入的渴望，所表達的既是對成功的追求，也是對較高收入能夠帶來更多生活舒適感的期待。無論工作多麼索然無味，假使它是在我們所屬的圈子、或整個世界中建立名聲的途徑，就會比較能夠忍受。從長遠來看，目標的持續不懈是幸福最根本的要素之一，而對大多數人來說，這主要透過他們的工作來達成。就這一點而論，那些在生活上忙於家務的女人，比起男人或出外工作的女性，就比較不幸得多。家庭主婦沒有薪水，沒辦法提升自己，丈夫視她的一切爲理所當然（幾乎無視於她的所作所爲）；她如果能獲得丈夫的尊重，也並非是由於她的家事表現，而是其他的優點。當然，這個說法並不適用於那些富裕有餘、家屋與庭院打理得整潔美觀，深受鄰居豔羨的女人；不過如此的女性人數並不多，大多數的女人並沒辦法從家事之中，去獲得如同其他工作帶給男人與職業婦女的那種愉快。

◎

打發時間帶來的滿足感，以及作爲某種實現抱負──無論多麼微小──的管道，光這兩個原因就足以使一個即便從事著單調工作的人，在平均上比一個毫無工作的人更爲快樂。但如果工作能讓人興味盎然，那比起那種只是爲了排遣無聊的工作，它所帶來的滿足感就屬於更高層次的喜悅。這種帶有令人感興趣特質的工作，可以歸類成一個階梯狀排序。我將從那些有趣程度較低的工作談起，最後則討論那些值得一個懷抱雄心壯志的人全心投入的工作。

◎使工作有趣的主要因素有兩種：其一是，工作能讓人運用己身的技能；其二是，工作具有建設性。

◎每個習得某些特殊技能的人，都可以享受行使它的樂趣，直到它變得尋常無奇，或是當事人不再能提升自己的能力爲止。這種運用技能做事的動機，始於童年早期：一個學會倒立的男孩，就會討厭只是用腳站立。大部分的工作皆能提供那些需要技巧的遊戲所帶來的相同樂趣。律師或政治人物的工作，必定包含許多與玩橋牌時所帶來的相同快樂，只是出之以更愉悅的形式。在此，當然不僅涉及技能的運用，還包括如何智取經驗豐富的對手。不過，甚至在不包含此類競爭元素的工作中，只要能讓難度頗高的技藝得以施展，就會令人感到爽快。一個能在飛機上表演特技的人，會發現其中樂趣無窮，即便只是爲了享受這種歡快感，他也甘願讓性命冒上風險。我想像一名能力超群的外科醫師，即使工作條件辛苦，他還是能從精確實施的手術中獲得滿足感。相同的樂趣，儘管強度較弱，也能在大部分較爲一般性的工作中獲得。所有需要技術的工作皆能使人快樂，只要所需的技術具有變化性，或是能夠一直有進步與改善的空間即可。如果沒辦法符合這兩個條件，那麼一旦當事人精通了該門技術，這個工作就不再讓人感興趣。一個參加三英里賽跑的選手，在他過了能夠打破自己先前紀錄的年齡之後，就很難再從這種比賽中體驗到暢快感。幸好仍有多不勝數的工作，只要環境條件出現變化，就會需要學習新技術，讓人得以持續進步——至少直到年屆中年之前，當事人仍有提升技能的空間。在某些要求熟練度的工作類型中，比如從事政治，人們似乎在六、七十歲之間才能達致最佳狀態；原因是在這類職業中，人事閱歷的豐富與否至爲關鍵。出於這個理由，成功的政治人物在七十歲時，會比任何其他同齡者，對生活感到更爲幸福愜意。在這一點上，唯一能與他們相提並論者是那些大企業家。

然而，最佳的工作所具有的另一個要素，對形塑個人幸福而言，卻遠比能運用技能還重要得多。這項要素就是建設性。雖然絕非大多如此，但在某些工作中，一旦工作完成，會建造出某些如同紀念碑般得以留存下來的事物。我們可以依照下述標準來分辨建設性與破壞性。所謂的建設性，意指事情的初始狀態一團混沌，但最後狀態卻能具體呈現出某種目標；而破壞性則正好與之相反：事情一開始帶有具體目標，但最後卻呈現無秩序的混亂，亦即，破壞者所意欲的是，製造出無法具體呈現某種目標的事物狀態。

最能顯而易見地適用這個判準的例子，就是高樓大廈的建造與毀壞。在建造一幢大樓時，會依照一份事先規劃的藍圖逐步實施，而如果要拆毀它，卻沒有人會決定當拆除完畢時，該如何處置那些解體的材料。當然，破壞經常是接下來進行建設前的預備步驟；就此而言，破壞屬於整體建設的一部分。然而，並非罕見的是，一個人會投入在目標意在破壞的活動中，但卻無視於可能隨之而來的建設。他經常因為相信自己只是來打倒一切以便重新建造，因而故意不提建設性計畫；但是，一般上，我們藉由詢問他「接下來的建設為何」，就能揭露這樣託詞的真相——如果它確實是個託詞的話。對於這個問題，我們會發現，這個人的回答語焉不詳、毫無熱忱，而恰恰相反的是，一談及預備性破壞步驟，他則講話清晰明確，並且熱情洋溢。這個特徵適用於描繪為數不少的革命分子、軍國主義者與其他崇尚暴力的門徒。他們通常對自己的動機出於仇恨並不自知：破壞他們所厭惡的事物，就是他們真正的目標；他們對之後該怎麼做的問題完全漠不關心。我無法否認的是，破壞性工作一如建設性工作，其中可能存在歡快感。那是一種激烈的喜悅，在某段時間中還可能更為狂喜莫名，但是在滿足感上卻不夠深刻，因為破壞一切的結果，很難讓人在其中找到滿意的成分。你殺害敵人，當對方死去，你的任務也同步告終，你從勝利當中所獲得的滿足感也會很快褪去。然而，具有建設性的工作一旦完成，卻會讓人欣喜地回味再三，而且，這樣的工作絕不會完全畫下句點，以致沒有進一步的事情可做。最令人心滿意足的目標，是能夠帶領人從一個成功走向另一個成功，如此接二連三、無休無止；就此而論，我們會發現，建設比起破壞是更爲充沛的幸福泉源。或許，更爲正確的說法是，凡是在建設性活動中感到滿意的人，將發現這樣的滿足感，勝過愛好破壞的人可以從破壞性活動中覓得的快樂，因爲，一旦你滿心仇恨，便很難從建設性活動中獲得其他人可以從中獲得的樂趣。

◎ 此外，具有重要意義的那類建設性工作，也是最有機會得以矯正仇恨惡習的行爲之一。

◎ 從意義極其重大的建設性工作中所感到的歡喜，是人生所能提供最深、最廣的滿足感之一，雖然，不幸的是，唯有才華非凡之人才有機會獲致這種最高層次的滿足感。一個人如果順利完成了一件重要的工作任務，沒有什麼可以奪走他從中所感受到的快樂，除非工作成果後來被證明品質拙劣。而如此的滿足感存在有許多不同的形式。一個執行灌溉計畫使一片荒地變爲遍野玫瑰的人，他所享受的欣喜，是滿足感最可觀的形式之一。創立一個組織可能屬於意義最爲重大的工作任務之一；那些屈指可數、畢生致力於從混亂中建立秩序的政治家所從事的工作，即是如此；列寧正是我們這個時代首屈一指的政治家。其他顯著的例子則來自藝術家與科學家。莎士比亞談及自己的詩文時說：「只要人能呼吸，眼睛能看，這首詩便能長存。」無庸置疑的是，如此想法安慰了人生並不順遂的莎士比亞。他在自己的十四行詩中強調，來自他友人的想法使他與人生和解，但我不得不懷疑，他寫給友人的詩比起朋友本人更能對療癒心靈起作用。偉大的藝術家與科學家所從事的工作本身就令人愉悅；當他們投入工作時，就保證了他們獲得值得擁有的敬重，而這給予了他們一種最基本的權力，亦即，去影響世人的思想與情感的權力。他們也擁有最可信的理由去看重自己。我們可能以爲，這種種幸運條件的結合，應該足以讓任何人笑口常開。但實情卻並非如此。比如，米開朗基羅就是個鬱鬱寡歡的藝術家，他堅稱（我確信這並非眞相），假使他不必爲那些一貧如洗的親戚還債，他才不會自找麻煩去創作藝術作品。創作偉大藝術的能力，經常連結於憂鬱的性情——儘管絕非必定如此——藝術家的憂鬱總是如此深沉，倘若無法從自己的作品中獲得喜悅，就可能被迫走上輕生之途。因此，我們無法主張，最偉大的工作必定使人快樂；我們只能這麼說，這樣的工作必定使人比較不會憂鬱。然而，科學家比起藝術家來說，性情上通常較爲開朗許多；大體上，從事偉大科學工作的人都是快樂的人，他們的幸福感基本上來自工作本身。

◎

造成今日知識階層鬱悶的原因之一，是他們當中有許多人，尤其是本身技能屬於文學專業的那些人，發現自己毫無機會可以獨立施展長才，反而不得不受雇於由非利士人所掌理的財大氣粗的企業，而這些大老闆總是在要求生產他們會斥之爲無物的研究或文章。如果你去詢問在英國或美國擔任記者的人，他們是否信賴所任職報社的經營方針，我以爲，你將發覺僅有極爲少數的記者會點頭稱是；而其餘的人則出於生計考量而出賣自己的才華，去滿足他們相信是有害無益的企業目標。如此的工作無法帶來任何眞正的滿足感，而且，在使自己妥協、繼續任職的過程中，當事人會被迫變得憤世嫉俗，以至於不再能從其他任何事物中獲得心滿意足的感受。我不會去譴責從事這類工作的人，因爲如果離職造成溫飽有虞，後果太過嚴重，但是，如果可能去做能夠滿足建設性衝動的工作，又不致讓生計成問題的話，我以爲，當我們面對薪水較高但似乎不值得投入的工作時，最好的建議是從自身的幸福去作取捨。沒有自尊存在，就幾乎無緣於眞正的幸福。

而一個以自己的工作爲恥的人，則幾乎難以眞正獲得自尊。

◎就目前的事態來看，可能只有少數人得以享受建設性工作所帶來的滿足感；儘管如此，這些少數人，其實在人數上也頗爲可觀。任何在工作上可以當家作主的人，都能擁有這樣的感受；任何覺得自己的工作對世人有益，而且自知工作技術門檻不低的人，也同樣如此。教養出令人滿意的子女，是一項困難的建設性工作，它能提供父母深厚的滿足感。每一個完成如此艱鉅任務的女人，皆會感受到，在她歷經千辛萬苦之後，這個世界總算存在有某些價値；若非如此，世界對她來說將一無是處。

◎是否把自己的人生視爲一個整體來看待，能造成人們之間千差萬別的想法。對某些人而言，將人生視爲一個整體的概念可說理所當然，而且，能夠帶著某種滿足感做到這件事，這是幸福人生的根本要素。而對其他人來說，人生是一系列獨立分離的事件的集合，事件的進展沒有任何方向性，也毫無一致性。我認爲，前者比後者更可能獲得幸福，因爲，屬於前者的人會逐漸建立可以從中獲致滿意與自尊的環境條件，而屬於後者的人則會任由事態發展隨之東飄西盪，永遠無法快樂航抵任何歇息的港灣。養成將人生視作一個整體來看待的習慣，是人生智慧與眞正道德的關鍵成分，而且也是我們在教育中應該加入的內容之一。僅是維持目標的一貫性，並不足以使人生快樂，但卻幾乎是幸福人生的一個不可或缺的條件。而一貫性目標，主要是透過我們所致力的工作來實現。

第十五章　次要興趣

在本章中，我希望加以討論的主題，不是那些我們的人生賴以建立的主要興趣項目，而是那種塡充在空閒時間、能夠爲人們放鬆緊張心情，並且能讓人暫時遠離種種嚴肅關注之事的，較爲次要的興趣。在一般男性的生活中，他的妻兒、工作與財務狀況是他焦慮的主要來源，而且也是他會認眞思索的重點。即使他有婚外情，他對這個戀情本身的關注程度，大概不及他對婚外情可能對家庭生活造成的影響來的重視。與他的工作密切相關的興趣，我目前並不會將它視作次要的興趣。比如，科學家必定會持續追蹤閱讀自己專業領域上的最新研究。面對如此的研究，他會油然而生與他的專業生涯緊密相連的熱情與振奮的感受，但是，假使他去閱讀某些與他的專業領域不相干的科學論文，他的態度會大不相同，他不會從專業角度去審視文章，比較不會苛刻批判，看法上也會更爲客觀。即使他爲了理解文章內容而動腦，他的閱讀過程仍舊屬於放鬆的活動，因爲他對此無須負擔任何責任。即使這本書讓他感興趣，這個興趣仍與他個人本身較無關連，因爲他不會用相同的態度，去閱讀與他自身研究主題相關的書籍。我在本章所想談及的，正是這種處在人們生活主要活動之外的興趣項目。

鬱悶、疲憊與神經緊張的重要成因之一，是人們無法去對那些在個人生活中不具實際重要性的事物產生興致。如此一來，我們的意識心理就始終無法停止某一小部分念頭的運轉；而這些頑念，大概每一個都包含有焦慮與不安的成分（我們唯有處在睡眠狀態，意識心理才能獲得休息，而醞釀智慧的潛意識思緒則會逐漸成長成熟）。如此所造成的結果是，我們變得激動易怒、欠缺洞察力、過於急躁，並且失去權衡、調配事物的平衡感。這種種既是疲憊的成因，也是疲憊的後果。當一個人愈來愈疲倦，他對外在的興趣就會隨之降低，並因此導致他失去這些興趣所能提供的鬆弛作用，這又再使得疲倦更加惡化。這個惡性循環最後只會使人神經衰弱。我們對外在世界的興趣，之所以會帶來讓人喘息與休息的效果，是因爲這些興趣並不會對我們要求任何相應的行動。做出決定並付諸實行，是非常讓人疲憊的過程，尤其如果行動必須即刻施行，又沒有來自潛意識的幫助的話，更會讓人精疲力竭。那些覺得自己在做出重要決定之前，必須「睡上一覺來考慮一下」的人，完全有其道理。但潛意識的心理過程並不只有在睡眠期間才會運作；它也可以在人的意識心理正關注別處時悄悄運行。凡是可以在上班結束時就忘掉工作，然後直到隔天去上班時，才又記起自己工作的人，可能會比起在下班期間仍舊擔心工作的人，在工作表現上要優秀得多。假使一個人擁有很多工作之外的興趣，比起沒有的人，就可以在應該要忘掉工作的時間中，更容易把工作種種拋到腦後。然而，至爲關鍵的是，這些興趣應該不要使用到，在白天工作期間已經耗盡能量的那些相同的身體或心理機能，而且應該不要牽涉到意志與立即的決定，也不應該如同賭博一般涉及任何財務因素；一般上，應該不要太過刺激人心，以免產生情感上的疲憊，讓潛意識與意識心理繼續過度運轉。

◎ 大多數的娛樂活動皆符合以上這些條件。從這個觀點來看，去看球賽、看戲劇表演或打高爾夫球，全都是無可指責的消遣。對於本性熱愛閱讀的人，只要去讀與他的專業活動無關的書籍就是很好的調劑。無論我們的不安有多嚴重，都不應該在我們清醒的全部時間中，一直反覆在心中打轉。

◎ 在這一點上，男女兩性之間存在有巨大差異。男人大體上比起女人來說，要忘掉自己的工作項目，遠遠更爲容易。就家庭主婦而言，難以忘記家事實屬理所當然，因爲她們並不像男人一樣有變換空間的機會；男人下班走出辦公室，就有助於他們改變心情。不過，如果我的推斷無誤，在家庭之外工作的女性，在這一點上與男性的差異，幾乎與家庭主婦一模一樣。亦即，她們會發現自己很難對毫無實務重要性的任何事情感興趣。她們的目標左右著她們的想法與活動，她們很少能夠專注在某些全然與責任無涉的興趣之上。當然，我並不否認有例外存在，但對我來說，我只是試著談及一種似乎具有普遍性的現象。比如，在女子學院中，女性教師在沒有男性在場時，在晚間時間仍會談論她們工作的內容，而在男子學院中，男性教師則不會如此。這個特點似乎對女性而言，屬於一種層次比男性更高的認眞精神的表現，但我並不認爲，長期下來，如此特點會增進她們的工作品質。而且，這種特點容易導致當事人眼界的某種窄化，進而造成並非少見的某種狂熱偏執的心態。

◎

所有的次要興趣，除開作爲放鬆與消遣的重要功能之外，還擁有多種其他益處。首先，它有助於人們維持平衡感。我們很容易太過專注在我們的事業、我們的人際圈子、我們的工作類型之上，以至於忘記，這種種在人類整體活動中所佔的比例如此之小，世界局勢的變化完全不受我們的所作所爲影響。你可能問道：我們爲何要記住這樣的事？答案不一而足。首先，我們應該擁有一幅眞實的世界圖像，而且這幅圖像要與我們必須進行的活動相容不悖。我們每一個人存在世間的時間並非無限，在短短數十載的人生期間，我們務必習得，有關這顆奇特的星球與它在宇宙中的位置等一切應該知曉的知識。忽視獲得知識的機會——儘管它們或不完美——正如同去劇院看戲，卻對演員對白聽而不聞一般。這個世界充滿著或悲或喜，或英勇或詭異或驚奇的戲碼，凡是對它提供的演出或奇觀提不起興趣的人，就是放棄了生命提供給我們的這項禮遇。

其次，平衡感對人類具有高度價值，而且有時也起著安慰人心的效果。我們經常傾向過度興奮、過度緊張，過度重視我們生活其間的這個世界小角落的意義，過度高估我們從生到死這段短暫時間的重要性。我們這種對自身意義的興奮感與過高評價的表現，毫無可取之處。確實，這樣的態度可能使我們更勤奮工作，但卻不會使我們的工作表現更傑出。一件朝向善果、卻不費吹灰之力的工作，勝過朝向惡果的千辛萬苦，雖然篤信辛勤人生的門徒似乎不作此想。凡是對工作過分執著的人，總是容易陷入狂熱偏執的陷阱：在根本上，他們只會記得一兩件心之所繫的目標，而全然忘卻其餘一切；他們會認爲，在追求這一兩個目標時，就算對其他事情產生附帶性傷害，也無關緊要。爲了避免這種狂熱的脾性，最佳的預防辦法，莫過於對人的小我生命與它在宇宙中所佔的位置，培養一種更爲空闊的胸襟。去訴諸於如此的關連性，聽起來似乎非常嚴肅重大，但是，這種思考除了可以矯正狂熱之弊外，本身即具有極高價値。

◎

現代高等教育的弊病之一，是太過重視各種技能的培訓，因而忽略了通過對世界進行不偏不倚的考察，所能帶來擴大視野與心胸的益處。舉例而言，你相當專注於政治鬥爭事務，你辛勤工作，只爲了讓你所屬的政黨能夠勝出。而直到目前爲止，一切進展順利。在政治鬥爭的過程中，可能偶爾會出現某種勝利的契機，但是爲了贏過對手，卻必須運用某些經過算計的手段，而後果，將導致世人的仇恨、暴力與猜忌。比如，你可能發現，爲了取得勝選，最佳方法是去侮辱某個外國民族。假使你的眼界僅侷限在當下事態，或是你已經把「效率至上」奉爲行事的金科玉律，那麼你將會採取這個可疑的辦法。藉由如此的手段，你或許將成功達成眼下的目標，不過它卻可能在日後造成災難的惡果。然而，如果在心理層面上，作爲你習慣場景的一部分中，存在有過往年代的人類身影，亦即，那種緩慢擺脫了野蠻行徑、卻又尚未全面脫離嗜血本性的古人形跡，並且，你把他們短暫的一生對比於如今的天文學世紀——假使，比如說，這樣的想法已經形塑了你的習慣與感受，那麼，你將了解到，你在目前的一時片刻中所投入的爭鬥，完全不具有如此巨大的重要性，讓你甘冒將使人類倒退到我們已經緩慢擺脫的昏昧狀態的風險。絕對不行！而且，即便你眼下的目標遭受挫敗，但那個讓你不願採取卑劣手段的想法——亦即，人生渺小又短暫——同樣也能夠支持你繼續向前。你將超越你目前的行動所在的層次，你將擁有漸漸明朗起來的遠大目標，你將從中明瞭到你並非是一個孤立的個體，而是帶領人類朝向文明化道路前進的大軍中的一員。假使你獲致如此的前程展望，那麼，無論你個人的命運爲何，某種深刻的幸福感將始終縈繞在你左右。你的人生將成爲與所有時代的偉人密切交流的媒介，而個人的死亡不過是一件微不足道的插曲。

◎

假使我有權可以依照心中的理想去辦理高等教育，我將取消既有的古老正統宗教教育——很少年輕人會感興趣，它通常只會吸引最愚昧與最迷信的人去聽課——並以某種或許難以被稱爲宗教的課程替代，因爲授課的內容將著重在經過詳細確證的事實之上。我將努力使年輕人能夠清楚意識到過去歷史的存在，並透徹地理解到，人類的未來極其可能會比人類的過去更爲久遠漫長，深刻認知我們所生存的這顆星球的卑微渺小，以及地球上的生命倏忽即逝的事實；而在此同時，也要使年輕人體認到，以上種種旨在強調個人的重要性不值一提。然而，我也將提出相當不同的另一組事實，意在讓年輕的心靈對個體所能達至的崇高與偉大留下深刻印象，並且讓他們知曉，在廣袤無垠的星際空間中，我們還尚未知悉存在有任何足以與之匹敵的事蹟。史賓諾沙（Baruch Spinoza）在許久之前曾論及人類的奴役與自由；由於他在寫作上所使用的形式與語言，使得所有修習哲學的學生對他的思想望而生畏，但是，我所希望傳達的想法，在本質上與他的論點大同小異。

◎

一個人一旦感知到能促使個人達至崇高之境的緣由——無論內容多麼簡單，或如此的頓悟一瞬即過——假使他還允許自己的行徑卑劣自私，爲微不足道的不幸苦惱，並擔憂可能遭遇的命運，他將不再可能感到快樂。一個願意去提升靈魂的人將敞開他的心靈之窗，讓來自八方宇宙的和風自由吹撫身心。他將在人類本身的限制所容許的視野中，看見自身、生命與世界的眞貌；在理解人類生命的短暫與渺小的同時，他將領悟到，這個已知宇宙的種種價值全都濃縮在個人的心靈之中。他將明瞭，當一個人的心靈能夠反映世界，他在某種意義上就與世界一樣偉大。當他從個人境遇起伏的恐懼中解放出來，他將體驗到一種深沉的喜悅，儘管仍須經歷種種人生外在的浮沉變化，在心靈深處他依舊會是個快樂的人。

先不談這些龐大的思索與反省，暫且回到本章直接牽涉的主題，亦即，次要興趣的價值；在此，有另一個思考角度，可以闡明這些次要興趣對幸福人生大有裨益。即便在好運連連的人生中，也會遭遇諸事不順的時期。除開單身漢外，鮮少有男人不會與妻子發生口角；很少有父母不會因爲子女生病而鎮日憂心忡忡；少有商人能夠避免財務緊張的考驗；也很少有專業人士沒嚐過失敗迎面而來的滋味。在如此的時期中，如果能對焦慮成因以外的事物感興趣，將會獲得莫大助益。儘管心中有所憂慮，但處在這種困頓當中，其實一時也無計可施，這種時候，就可以去下盤棋、讀偵探小說，或是研究通俗天文學，也可以讀讀有關迦勒底（Chaldees）地區的烏爾城（Ur）遺址之探勘報導來聊以慰藉。以上這些做法皆屬明智的行爲，而不做任何轉移注意力的活動，任由煩惱全然控制自己，則非明智的表現，而且這樣的人在眞正需要採取行動的時機到來時，也會比較沒有能力去應對困擾。如此的做法同樣適用在，那種諸如摯愛的人過世所造成的無法彌補的哀傷上。在這樣的情況中，任憑自己被悲痛淹沒，對任何人來說都不是好事。悲傷無可避免，而且也是預料中事，但還是必須盡可能把悲痛降至最低。想要從不幸中汲取最大量的苦痛——如同某些人的做法——只不過是多愁善感的舉動罷了。我當然並不否認，人可能被悲痛擊潰，但我確實以爲，每個人都應該盡最大的力量試著擺脫這樣的命運，努力尋求任何轉移注意力的方法，無論多麼微不足道都沒關係，只要方法本身不具傷害性或不會有自虐的惡果即可。我所認爲具有傷害性與自虐惡果的事情，包括酗酒與嗑藥；這種做法的目的只是爲了暫時讓腦袋放空。但是，適切的對策並非腦袋放空，而是讓思緒轉入新的頻道中，或至少轉入遠離目前不幸狀態的頻道中。假使生活迄今爲止都集中在少數幾個興趣之上，而這幾個興趣如今卻都瀰漫著哀傷，那麼調換頻道就並非易事。爲了在遭逢不幸時能夠更好地承受它，睿智的做法是，在生活比較順遂之時培養足夠廣泛的興趣項目，讓我們可以準備好某個不受干擾的心靈空間，藉以提示我們還存在著其他的聯想與情感，以便避開那些會使眼下情況更加難以忍受的想法與情緒。

◎

一個擁有十足活力與熱情的人，在每次遭受打擊之後，將隨著對人生與世界的興趣浮現，從而超越所有不幸；我們的人生與世界不可能這般狹隘，狹隘到使一項損失成爲永遠無法彌補的遺憾。遭受一個或甚至好幾個失敗所擊潰，並非是某種值得讚賞的敏銳感受力的明證，反而應當被譴責爲個人活力的缺失。死亡左右我們的情感，然而死亡隨時都可能奪走我們深愛的人。因此，我們如果在情感與興趣的表現範圍上太過狹隘，那麼，我們生命的意義與目的就只能任憑生活事件擺布。

◎基於以上這些理由，聰明地追求幸福的人，除了擁有人生賴以建立的主要興趣之外，還應該把努力培養一些次要興趣當作目標。

第十六章　努力與放下

中庸之道是個無趣的教條；我還記得自己年輕時，曾經輕蔑又憤怒地排拒這個大道理，因爲，我在那段日子裡仰慕的是大膽的極端行爲。然而，眞理並非總是引人入勝；人們由於趣味盎然因而相信的許多事情，實際上根本少有證據能夠支持那些事物令人神往的原因。中庸之道就是一個貼切的例子：它可能並非是個有趣的學說，但在許多方面上，它卻陳述了眞理。

我們能否在「努力」與「放下」這兩者之間取得平衡，正是我們必須繼續懷抱中庸之道的一個原因。這兩個不同的主張，都擁有極端的支持者。聖人與神秘主義者宣揚對於放下、不執著的主張；而講求效率的專家與以堅毅聞名的基督徒，則推崇無止境努力的信念。這兩個彼此對立的派別，都點出了部分、但並非全部的眞理。本章試圖在這兩者之間覓得平衡，而我將從支持「努力」的觀點開始討論。

除開罕見特例，幸福並非如同成熟的果實那般，只需幸運條件的運作，便唾手可得。這也是本書題名爲「幸福之路」的原因。因爲，這個世界充滿著或許無法避免的不幸，充斥著疾病、心理紊亂、鬥爭、貧窮與惡意，想要追求快樂的每個男人或女人，都必須找到方法去應對那有著各式樣貌、且每個人都備受困擾的鬱悶。在極少見的例子中，有些人完全無須耗費心力即可尋得幸福。一名個性隨和善良的男人，繼承了龐大家產，加之身體健康、興趣單純，他可能因爲生活平順無虞，因而不了解其他人爲何始終奔忙焦慮；一名面貌姣好、個性閒散的女人，如果她碰巧嫁給一名不要求她賣力持家的富裕丈夫，且她也不介意婚後變胖，那麼便同樣能夠享受某種懶散的悠閒，只要她在養兒育女方面，也能同時擁有好運道即可。但如此的案例並不常見。大多數人並不富有；許多人的天性並不善良，而且還擁有蠢蠢欲動的激情，使得他們無法忍受安詳節制的無聊生活；身體健康並非人人皆必定享有的福氣；至於婚姻，則一向都不是幸福的泉源。基於這些理由，對大多數的男人與女人來說，快樂的人生必定是通過努力所獲得的成果，而非天賜的禮物；而在這種成果當中，付出的努力既有來自內在，也有來自外在，這兩者皆佔有很大的分量。而在內在上的努力，則可能包含需要「放下」的努力在內，因此我們僅先討論外在上的努力。

對於必須工作維持生計的人來說，無論男女，在這一點上需要付出努力，可說無庸贅言。確實，印度的托缽僧在維持生計上無須多費工夫，他只消捧著一只碗缽請求信徒施捨即可；但是，西方國家的政府當局並不贊可這種獲得收入的方法。而且，比起炎熱而乾燥的國家，我們這裡的氣候因素也讓托缽過活比較沒那麼愉快：至少在冬季，鮮少有人會懶惰到寧可在戶外無所事事閒逛，而不願在暖氣房裡工作。因此，在西方，僅僅對世事放下，並非是一條通往財富的大道。

◎對西方國家大部分的人來說，快樂的必要條件不只是勉強溫飽而已，他們還會渴望成就感。在某些行業中，比如從事科學研究，人們可能擁有成就感，但收入並不高；但在大多數的職業中，收入卻已經成爲個人成功與否的衡量標準。在這一點上，我們觸及了放下這個因素：它在大部分情況中皆很受用，因爲在一個競爭激烈的世界中，僅有少數人能夠功成名就。

◎結婚可能需要投入努力，也可能不需要，端視不同情況而定。在兩性中屬於人數較少的性別，比如英國的男性與澳洲的女性，一般而言，這個性別的人想要如願成婚比較不花力氣。然而，對於屬於人數較多的性別的人，情況則恰恰相反。當女人屬於人數較多的性別時，她們在這方面所花費的努力與心思著實引人側目，這只要去研究一下女性雜誌的廣告頁面即可得知。如果是男人屬於人數較多的性別時，他們通常採取的做法就比較講求速效，比如以耍弄左輪手槍的本事比武搶親。這可說理所當然，因爲大多數男人的性格經常位在文明化的邊緣。假使發生一場女性較易致命的瘟疫，造成英國男性成爲人數較多的性別，我不知道這些男人會如何因應狀況；他們可能會回到過往年代中那種對女子殷勤有禮的作風也說不定。

◎ 成功養育子女所須投入的可觀努力，大概沒有人會予以否認。在某些國家中，放下執著被錯誤地稱爲「靈性」的人生觀，而對於信奉如此觀點的國家，皆可見到較高的嬰兒死亡率。如果不關心世俗事務，就無法讓醫藥、衛生、有效除菌、適當飲食等這些事項，發展至應有的水準；人們需要將精力與智慧投入到改善物質環境的努力之中，才能避免弊害。凡是認爲這些事情只是夢幻泡影的人，也會傾向於這麼去思考周遭的灰塵污垢，如此一來，卻導致了子女的死亡。

◎ 更爲一般而言，人們可能以爲，只要人的天生慾望沒有衰頹，那麼擁有某種權力慾，就是每個人既正常又正當的目標。每個人所渴望擁有的這種權力爲何，視他本身所主導的激情而定：有人渴求控制他人行動的權力；有人希望獲得影響他人想法的權力；有人則希望自己可以左右他人的情感。有人企圖改造物質環境；有人則期待權力的意義是來自於對知識的掌握。每一種公職皆包含對某種權力的渴望，除非擔任公職的人只想透過貪污來獲取財富，那就不在此列。有感於人類的悲慘現狀因而懷抱純粹利他動機的人，假使他的苦惱眞實不欺的話，他將希望能夠獲得改善社會慘況的權力。而對權力全然無動於衷的人，是對自身同類漠不關心的人。因此，對於能夠打造美好社會的人，人們會接受這樣的人在他們本身的能力當中，包含有某種形式的對權力的渴望。而只要沒有遭到阻礙，權力慾的每一種形式，皆涉及某種相關形式的努力。如此的結論對西方人來說，似乎是一般常識，但在西方國家中，卻有不少人賣弄所謂的「東方智慧」，即便東方人現在也摒棄了這些想法。這些人或許會質疑我們的說法，而果眞如此的話，也就不枉我們這番闡述。

◎

然而，在幸福之路上，「放下」也佔有一席之地，而且比起「努力」的重要性亦不遑多讓。明智的人雖然不會對可以事先預防的厄運坐視不管，但他同樣不會浪費時間與情緒在不可避免的不幸之上，而且即便是那些可以規避的災難，假使規避它所需要投入的時間與心力，將會妨礙對某些更爲重要的目標的追尋，那麼他也會選擇去承受。許多人會對每一件出了差錯的小事感到煩躁或惱怒，但如此一來，就浪費了大量可以更爲有效運用的精力。甚至在追求眞正重要的目標時，如果在情感上投入太深，也並非聰明的做法，因爲這極可能導致只要一想到失敗的可能性，平靜的心就會波瀾四起。基督教教導信徒要服從上帝的意志，但是，甚至是無法接受這種教條的人，也可能在自己所有的活動中，看到相同的態度出沒其間。一件實務工作的效率高低，與我們投注其中的情感多寡，兩者並不相稱；情感有時確實是效率的障礙。我們所應該抱持的態度是，盡人事，聽天命。放下有兩種：其一是出於絕望；其二是根植於堅不可摧的希望。前者對人並不好；後者則非常可取。由於一敗塗地，因而放棄建功立業的希望的人，可能習得了來自絕望的放下，若果眞如此，他將會棄絕所有嚴肅的行動；他可能藉由宗教教條，或通過那種倡導人類存在的眞正目的是沉思冥想的信仰，來僞裝自己的絕望。然而，無論他用來遮掩內在挫敗感的僞裝爲何，在根本上，他將一直是個無用之人，且充斥著難以排遣的鬱悶。另一方面，基於堅不可摧的希望因而放下、不執著的人，他的行動方式則截然有別。希望之所以堅不可摧，必定因爲它寬闊無邊，而且超越個人之外。無論個人的行動爲何，我都可能被死亡或某種疾病擊倒；我也可能敗在敵人手下；我也可能發現，我所從事的計畫並不明智，無法馬到成功。有上千種方式可能使個人小我的希望遭到無法避免的失敗，但如果個人的目標隸屬於人類較大希望的一部分，那麼當失敗來臨時，就不會遭受到與小我受挫時全然相仿的挫敗感。本身渴望締造巨大發現的科學家可能不會一帆風順，或者可能因爲頭部受到撞擊而一病不起，所以不得不放棄了研究，但如果他眞心冀望科學的進展，而且不只是在乎個人對此目標的貢獻大小，那麼他將不會如同研究動機純粹出於自我中心的人，在失敗時感受到相同的絕望。致力於民眾渴求的某種社會改革的人，可能發現他付出的所有努力竟被一場戰爭橫加阻撓；他可能被迫領悟到，在他的有生之年，都將見不到他奮鬥的成果實現。然而，只要他關注的是人類的未來，而非自己是否參與其中，那麼，在這件事情上，他就無須沉入絕望的深淵。

◎

我們迄今所思考的情況皆是很難做到放下的例子；不過還有許多其他的情況，當事人想要放下卻容易得多。這種比較容易放下執著的情況是，只有次要目標遭受挫敗，而人生的主要目標仍持續提供著成功的展望。比如，一個投身在重要任務的人，如果因爲婚姻不幸因而工作分心，那麼他就沒有做到值得讚許的放下；假使他確實關切他的工作，那麼，無論婚姻生活幸不幸福，他都應該能以同樣勤奮的態度工作，並表現得一樣好。

有些人沒有耐心去忍受，那些極可能一發不可收拾，因而佔據我們大部分生活的麻煩瑣事。他們錯過火車就暴跳如雷，晚餐味道不佳就怒不可遏，煙囪濃煙四溢屋內就陷入絕望；如果蒸氣洗衣房並未返還送洗的衣服，就發誓要對整個工業體制展開報復。這些人虛擲在麻煩瑣事上的精力，假使可以聰明地用在別處的話，將足以締造或摧毀好幾個帝國。睿智的人不會觀察到女傭沒有抹去的灰塵、廚師沒有煮熟的馬鈴薯，與清潔工沒有清除的煤灰。我並非意謂，即便他有時間處理，他也不會採取措施去進行改善；我只是要指出，他處理這些事情時，可以不帶任何情緒。憂慮、煩躁與惱怒等情緒，無助於任何事情的處理。凡是強烈感受到這些情緒的人，可能會以為他們沒有辦法擺脫；而我可以確定的是，假使沒有擁有稍早提及的那種堪稱必要的「放下」的態度，那麼確實很難擺脫這些情緒的作弄。當心思集中在超越個人的無邊希望之上時，除了可以幫助承受個人在工作上的失敗或婚姻不幸的苦惱，也能使人在錯過火車或雨傘掉進泥巴當中時，比較可能耐得住性子。對於性格易於煩躁的人，除開這個辦法，我不知道還有什麼更好的改善對策。

一個已經擺脫憂慮之掌控的人，將發現他的生活遠比之前動不動就發怒時更讓人愉快。之前總讓他火冒三丈的熟人的怪脾氣，現在他似乎只是覺得頗爲有趣。當某位友人第三百四十七次講述火地群島（Tierra del Fuego）主教的趣聞時，他在心中記錄著次數自娛，並且不會想要自己也講個趣事來轉移話題，因爲那只是白費力氣。當他正急著趕搭一班清晨的火車，鞋帶卻剛好斷了，在咒罵了幾聲以後——這實屬合情合理——他反思，相對於宇宙的歷史，這件令人懊惱的蒜皮小事其實完全不值一提。當他正在向情人求婚時，卻因爲一名乏味鄰居的到訪而中斷，他想到，除了亞當之外，可能所有人都很容易遇到這類災難，甚至連亞當也會有自己的煩惱。藉由怪異的類比性與奇特的共同點，人們可以從比較不悲慘的厄運中覓得慰藉，而且，這樣的聯想完全沒有任何限制，只要能安慰人心的做法皆可行。我以爲，每一個文明人在心中都擁有關於自己的某幅圖像，而如果他們遭遇到破壞這幅圖像的事件，就會感到惱火。最佳的矯正辦法是，不要僅擁有一幅圖像，而要擁有一整座美術館的館藏，如此一來，就能選擇一幅合適的自我形象來應對此刻所遭遇的禍事。假使某些自我的肖像有點滑稽，那樣再好不過；鎮日看待自己如同經典悲劇裡的英雄，這並非明智之舉。我並非建議，我們應該永遠看待自己如同喜劇裡的丑角，因爲，凡是這麼做的人會更容易惹人厭煩；在選取適合各種情境的角色時，也需要一點機靈的智慧。當然，如果你能忘卻自己、不扮演任何角色，那也同樣令人豔羨。但是，如果角色扮演已經成爲你的第二天性的話，那麼切記要輪演各種戲碼，如此方能避免乏味單調。

◎許多積極的人都會以爲，只要腦際閃過放下的念頭，或是瞥見一瞬的幽默之光，就會摧毀他們工作的能量，並且如同他們所相信的，那也會損害他們追求成功的決心。依我之見，這些人的想法並不正確。甚至對於那些在工作的意義或難易度上沒有欺騙自己的人，他們同樣也能順利完成種種值得從事的工作。而那些唯有依靠自我欺騙才能完成工作的人，最好在繼續職業生涯之前，先去上課，以便習得如何承受眞相的方法，因爲，寄望藉由迷思來維繫動力的這種需求，遲早會使他們的工作變得有害無益。一事不做也勝過造成對自己或世人的傷害。世上有一半的有益工作，是在對抗有害的工作。花一點時間去學習認清眞相，並非浪費時間之舉，因爲，如此一來，比起那些需要持續膨脹自我，以刺激行動能量的人所完成的工作來說，你之後所完成的工作，將比較不可能產生傷害性。願意去面對我們自身的眞相，這將包含有某種放下的成分在內；儘管一開始可能會有痛苦產生，但這種放下最終會爲你提供一種保護——事實上，那是唯一可能的保護——使你免於遭受那種習慣自我欺騙的人所易有的失望與幻滅。長期而言，每天努力去相信日日變得愈來愈不可信的事物，是最讓人疲憊與惱怒的過程。與這樣的努力一刀兩斷，是確保與維繫幸福的必要條件。

第十七章　快樂的人

顯而易見，能否享有幸福人生，部分取決於外部環境，部分取決於個人因素。本書已經關注了那些取決於個人因素的部分，並且獲得了這樣的看法：就個人這一部分而言，幸福的秘訣簡單易做。許多人以爲，如果不多少擁有一些屬於宗教上的信仰，想要快樂無憂無異緣木求魚。許多本身鬱悶的人也認爲，他們的哀愁具有高度複雜的知性成因。我並不相信，如此的說法是快樂或不快樂的眞正原因；我以爲，上述這些說法不過是一種症狀的表現。一般上，鬱悶的人會採納讓人鬱悶的教條，而快樂的人會接受帶來快樂的信條；而兩者可能將自己的幸與不幸歸因於自己所抱持的信念，不過眞正的因果關係卻恰恰相反。對大部分的人來說，幸福人生不可或缺的要素都很簡單：食物與居所、健康、愛、成功的工作，與來自人際圈成員的尊重。對某些人而言，良好的親子關係也是要素之一。如果這些因素有所缺乏，只有某些個性特殊的人才可能獲得幸福，但是，如果這些因素皆完備到位，或是可以經由方向正確的努力而獲得，在這種情況下還是無法感到快樂的人，或許便是承受著某種心理上適應不良的問題，假使情況嚴重，可能需要去精神科就診，但在多數常見的案例中，當事人仍能靠著自身的努力去改善，只要他以正確的方法著手調整即可。外在環境如果並非悲慘至極，一個人只要把情感與興趣投注在外界而非內在之上，應該就能夠獲得幸福。因此，在教育的層面上，以及在試圖讓自己適應這個世界的層面上，我們的努力方向，應該集中在避免以自我爲中心，並且去獲得那些得以使想法不始終繞著自己打轉的愛與興趣。大部分人的天性並不會以被囚禁爲樂，而把我們封閉在自我之中的情感，卻是最糟的囚籠之一。在這些情感中，最常見的有恐懼、嫉妒、罪疚感、自憐與自負。在這些情感中，我們的慾望皆集中在我們的自身：亦即，我們對外在世界並沒有眞正的興趣；就算關心外界，也只是擔心它是否會以某種方式傷害我們，或是否滿足了我們的需求而已。人們會如此不願面對眞相，如此焦慮地要把自己包裹在布滿迷思的暖衣之中，主要原因就是恐懼。不過荊棘總會扯破溫暖的衣裳，冷風也會灌入裂縫，而已經習慣了暖和衣物的人，比起那些從一開始就努力鍛鍊自己禦寒的人，會更無法承受那刺骨的寒風。而且，一般而言，凡是欺騙自己的人，其實基本上也都心知肚明他們自作自受的眞相，因而時時處於憂慮狀態，唯恐某個不幸事件會迫使他們必須面對讓人不快的事實。

以自我爲中心的情感的一大缺陷是，它對生活提供了太少的變化度。確實，只愛自己的人無法被指責在情感上見異思遷，但他最後必定會遭受難以忍受的無聊之苦，因爲他摯愛的對象始終一成不變。受到罪疚感折磨的人，正是蒙受著某種特別種類的只愛自己之苦。在這個廣袤無垠的宇宙中，對他來說最重要的，似乎只是自己應該擁有崇高的品德。某種形式的傳統宗教所存在的一個嚴重缺點，正是他們鼓勵著這種特別種類的自我專注。

快樂的人是在生活上能夠保持客觀態度的人，他有自由的愛與廣泛的興趣，能藉由這些興趣與愛確保自己的幸福，並且，這樣的興趣與愛也會使他成爲許多其他人的興趣與愛的對象，這又更加保證了他的幸福長存。促成幸福最強而有力的因素，就是成爲被愛的人，但主動求愛的人卻並非愛會降臨的對象。廣泛而言，被愛的人其實就是給予愛的人。嘗試以借人錢、收利息這種計算性的邏輯去表達愛意，只會徒勞無功，因爲這種經過算計的愛並不眞誠，對作爲對象的人來說，也不會覺得那是愛。

那麼，對於專注在自我之上、因而無法快樂的人來說，他應該怎麼進行改善？只要他持續思索有關自身鬱悶的成因，就依舊會是個自我中心的人，也就因此而無法走出惡性循環的迴圈；假使他想脫離這個死胡同，那就必須藉助眞正的興趣，因爲那種只是作爲藥方因而採用的假興趣，對人毫無用處。雖然困難確實存在，但只要他正確診斷自身難題的成因，還是會有許多方法可以運用。比如，假使他的困擾出自意識上或無意識上的罪疚感，他首先就可以說服他的意識心理去相信，他沒有任何理由感到滿身罪過，然後藉由早先章節中曾提過的技巧，把這個經過理性確認的信念植入他的無意識心理當中，而於此同時，在日常生活中只去關心那種多少偏向中性的事物就好。假使他順利袪除了罪疚感，那麼，他很可能也會自然生發出對外在的眞正興趣。如果他的困擾是自憐，他也可以先說服自己外部環境毫無特別不幸之處，然後再以相同的方式來處理。假使恐懼是他的難題，就讓他去練習專爲培養勇氣而設計的訓練。自古以來，在戰場上的勇武表現被視爲一項重要美德，大部分針對男孩與年輕男子所進行的訓練，都致力於打造一種對戰鬥無懼的性格。但是道德上的勇氣與智慧上的勇氣卻鮮少受到研究；這兩種勇氣同樣也各有所需的技術可供培訓之用。每天至少對自己承認一項痛苦的眞相；你會發現這與男童軍的日行一善做法一樣有效。教導自己去感受人生依然值得去活的感覺，即便你並沒有在品德與智慧上勝過你所有的友人千百倍——事實上你有。持續幾年這樣的練習，最後將使你能夠無畏地去面對事實，而如此一來，也將使你擺脫無處不在的恐懼的控制。

◎當你克服了自我專注的弊病以後，將從自身之中產生哪些對外在的興趣，則必須留給你的天性與外在環境兩者去自發運作處理。不要提前對自己說：「如果我能熱中集郵的話，應該就會快樂。」然後就開始去集郵，因爲你很可能完全無法對集郵產生興趣。唯有眞正讓你感興趣的事物，才會對你有所裨益，不過，可以相當確定的是，一旦你學會了不要專注在自我之上，對外在的眞正興趣就會滋長起來。

◎幸福的人生，在很高程度上，與美好的人生毫無二致。專業的道德家太過強調自我克制，如此卻使他們錯置了重點。有意識的自我克制會使人專注在自我之上，而且會使人清楚覺察到自己所做出的犧牲；如此導致自我克制經常無法達成立即目標，而最終目標也幾乎總是無法實現。我們所需要的並非自我克制，而是那種朝向外界的興趣，這同樣會自然帶來那些專注於追求自身美德的人所希望的行動，但後者卻只能經由有意識的自我克制才做得到。我是以享樂主義者的立場來寫作本書，亦即，從一個把幸福當作美事看待的角度下筆，儘管從享樂主義者的觀點所建議的行動，與那些來自明智的道德家所提供的建議，基本上如出一轍。然而，道德家太容易強調行動，而忽視心理狀態——當然並非全部的道德家皆是如此。行動對當事人所產生的效應，隨著當事人在行動當下的不同心理狀態，其實有相當大的差異。假使你看見一名幼童溺水，並出於直接的助人衝動去搶救他，那麼你在道德上可說無可指摘。然而，假使你對自己說：「爲無助者伸出援手是美德之一，而我希望成爲道德高尚之人，所以我必須出手相救這個孩子。」那麼，你在事後，甚至成爲了比事前還更糟的人。適用於這個極端例子的道理，同樣也適用在很多其他較不明顯的事情上。

在我所建議的生活態度與傳統道德家的建議之間，還存在另一個多少有些微妙的差異點。比如，傳統道德家會認爲，愛應當無私。在某個意義上，這可說正確無誤，亦即，超過某個限度之外，愛不應該自私，但是，愛無疑具有自私的性質，才能使一個人的幸福與愛的成功密切相關。假設某個男人向某位女士求婚，但他所抱持的理由，卻是他強烈希望她能獲得幸福，而在此同時，他也認爲她給他帶來了一個自我克制的理想機會，我想，這樣的說法能否討她歡心，實在值得存疑。我們應該希望所愛之人獲得幸福，這一點無庸置疑，但是它無法替代我們本身的幸福。事實上，一旦我們可以對自身之外的人或物產生眞正的興趣，這一整個存在於自我與世界之間的對立——在自我克制的教條中即包含有這個對立——就會隨之消失。經由這樣的興趣，一個人將會感覺自己匯流進了生命的長河，而並非如同一顆撞球那般，只是一個堅硬、單獨的實體，且與其他相同的實體之間，除非彼此碰撞，否則不會有任何關連。一切鬱悶不快的成因，皆取決於某種解體或缺乏整合的現象：如果意識與無意識兩者間缺乏協力合作，就會造成自我的解體；如果無法藉由我們對外在的興趣與愛，將自我與社會緊密接合起來，那麼這兩者之間就沒有充分整合。快樂的人並不會遭受上述這兩種融合失敗之苦，他的人格既不會分裂出來對抗自己，也不會與世界相互鬥爭。這樣的人會感覺自己是宇宙的公民，自由地享受著世界提供給他的歡樂與美景，而且不會受到死亡的念頭所困擾，因爲，他覺得自己並不會眞正與在他之後降臨世上的人們分離。正是在與生命長河如此深沉、如此本能的融合之中，我們才能覓得最大的喜悅之情。

封面及裝幀設計：張家榕

伯特蘭・羅素　一八七二年出生於英國，直到一九七〇年以近百歲的高齡逝世之前，出版超過七十本著作，是世界知名的數學家、哲學家、邏輯學家，與傳遞著和平主義思想的社會運動者。羅素很早就開始在數理邏輯領域大放異彩，他在一九一〇年與懷海德合著出版的三冊巨作《數學原理》被認為是二十世紀最重要的數學作品之一。在第一次世界大戰後，羅素的關注重心轉往哲學，致力於幫助世人創造一個更為幸福的世界；《幸福之路》、《婚姻與道德》、《西方哲學史》皆為此時期的重要作品。終其一生，羅素並不總是受人愛戴，也曾因其反戰、反核的思想入獄服刑，但他從不停止對世事置疑、對權威挑戰，與對人類幸福的希冀渴求。一九五〇年，羅素獲頒諾貝爾文學獎，因「其多元且深具意義的著作，堅定捍衛著人性與言論的自由」，是歷史上以非文學作品獲獎的寥寥數者之一。

幸福之路

二〇二〇年四月二十九日　初版第一刷

作者　伯特蘭・羅素

譯者　沈台訓

編輯　廖書逸

發行人　林聖修

出版　啟明出版事業股份有限公司

郵遞區號　一〇六八一

台北市大安區敦化南路二段五十七號十二樓之一

電話　〇二二七〇八八三五一

總經銷　紅螞蟻圖書有限公司

法律顧問　北辰著作權事務所

定價標示於書衣封底。

ISBN 978-986-98774-0-4

國家圖書館出版品預行編目 (CIP) 資料

幸福之路 / 伯特蘭・羅素（Bertrand Russell）作；沈台訓譯。
——初版—— 臺北市：啟明，2020.04。
256 面；10.5 x 14.8 公分。

譯自：The Conquest of Happiness
ISBN 978-986-98774-0-4（平裝）

192.1　　109002958

The Conquest of Happiness
by Bertrand Russell